JN200802

帰ってきたビルマのゼロ・ファイター

ミャンマー全土停戦と日本兵遺骨収集の記録

Zero Fighter of Burma Returns

井本勝幸
Imoto Katsuyuki
荒木愛子
Araki Aiko

集広舎

全編、年齢・所属・肩書は執筆当時のものです。

プロローグ

本書は、**活動する側に立つ僕と、それを取材する側の立場にある九州朝日放送の荒木愛子女史による共著**である。僕がこの本で書き述べた本文の箇所は「ミャンマー／ビルマご遺骨帰國運動」*によるミャンマーでの旧日本軍将兵の遺骨調査事業が酣だった時期の記録である。この「プロローグ」では、その後の活動停滞から再開（二〇一八年）するまでの冒険活劇を記述しておきたい。

盟友、ソー・モア・アウン

「井本、次はミャンマー西北方面軍の司令長官一同に挨拶し、それからカレーミョウ軍管区の司令長官一同に同様の挨拶。インパール作戦の指令本部があった旧日本第十五軍インダイギの遺骨の試掘はそれからになる」

そう指示を出してくれるのは「Peace and Development Foundation（PDF）」のソー・モア・アウン。彼は少数民族勢力側には名の知れた元ミャンマー国軍キャプテン、アウン・ミン前大統領府省大臣の右腕と言われた男。これまでミャンマーの少数民族側に立って来た僕は今、ミャンマー国軍関係者と共に先の大戦で亡くなられた日本兵遺骨調査事業に当たっている。本来、彼とは敵同士の関係だったが、ミャンマー少数民族勢力各派との全土停戦署名の裏方として、また、

＊ミャンマー／ビルマご遺骨帰國運動…教派・宗派を超えた日本の宗教者と、国内外のボランティアによる国民運動。4500万円以上の寄付金を集めた。

少数民族と政府側（ビルマ族）との間に幾つかのビジネス・スキームを構築し、両者が切っても切れない関係を作り上げてきたことが僕への評価を変えることになり、遂には一緒に仕事を行う関係へ。今では日本兵遺骨調査事業までも業（カルマ）を共にするようになった。僕は、この「プロローグ」を書いた後で、これまでの想い出と一緒にソー・モア・アウン達とミャンマー西北方面軍司令官に会いに出かけるところだ。

活動停止

振り返ればこの三年間、僕の遺骨調査事業は資金源の枯渇により全面的な停止を余儀なくされ塗炭の苦しみに喘いできた。二〇一六年四月一日に施行された国の「遺骨収集法」は、結果的に現地での遺骨調査事業を潤すこともなく、**十チームを揃えた少数民族遺骨調査隊は宝の持ち腐れと化し、活動は頓挫**してしまった。兵隊はいるが撃つ弾が無い戦場を指揮する指揮官の気持ちを僕は痛いほどに痛感した。それまでの四年間、この遺骨調査事業を支えてきた「ミャンマー／ビルマご遺骨帰國運動」は、国の遺骨法案に沿ったかたちでの調査隊の活動支援を様々試みてくれたものの、現地の古老達への聞き取り調査や遺骨が眠る場所の特定を行う調査活動は現地の人々にしかできず、そこに資金を投下しなければ成果は上がらないとする現地側の意志を満たすものとはならず、最後に僕がヤンゴンで試みた国が率いる「日本戦没者遺骨収集推進協会」との直談判で現地調査隊への活動資金提供はできないという最後通牒を下されてしまったのである。

　自分はもう充分やったのではないか？　もうこの辺が諦めどころでよいのではないか？　**兵站の軽視と枯渇で敗れたインパール作戦***同様、これはもう日本人のＤＮＡなのではないか？　と、自分で自分を慰めた。**ミャンマーの激戦地で亡くなられ今もまだミャンマーの地に眠られる四万五千の日本軍将兵達のことが偲ばれる。ご遺骨の帰還を待つご遺族達の顔が浮かぶ。今まで一所懸命になって支援してくれた仲間達の顔が浮かぶ中、僕は「ごめんなさい」と涙した。**

本厄二〇一七年

　一方で僕は、ミャンマー少数民族地域のシャン州、カヤー（カレンニー）州、カレン州、モン州にて二〇一二年度から日本財団傘下で、日本外務省ＮＧＯ連携無償支援（ＯＤＡ）の一環である農業による自立支援事業を展開してきた。農学校を上記四州に開設し、今まで教育の機会に恵まれてこなかった少数民族の若人達に農業を通じた教育と農業経営を実践する事業にあたってきた。

　事業は滞りなく進んでいたのだが、スーチー政権の成立が我が方には真逆に作用し、全土停戦を未だ結んでいない少数民族勢力地域での活動は停止という思いも寄らぬ事態に直面してしまった。この結果、活動は二〇一七年四月から停止に追い込まれ、八十名の社員共々路頭を彷徨う羽

＊インパール作戦…昭和 19 年、援蒋ルート遮断を目的としたインパール（インド東北部）攻略作戦。牟田口廉也中将が主導。日本陸軍から約 9 万人が参加し、約 3 万人が戦死した。

目に陥ってしまい、全社員に退社を奨励。各々に新しい就職先を探すようにと頭を垂れた。
この停止期間中、度々の中央政府への事業再開申請も陳情もたらい回しにされ、なす術なく、もはやこれまで。遺骨調査事業停止と相まって二重の万事休すという本厄を迎えることとなった。**いま再びの資金ゼロのゼロ・ファイター復活**である。

貧女の一灯

「**井本、諦めるなよ。これは神仏が与えた試練だ、きっといつか好転する時が来るから。俺達は動ける時がくるまで何時までも待つから**」。そう言って慰めてくれたのは、少数民族調査隊の面々。

そして、さらに僕を勇気付けてくれたのは、埼玉県「(株)吉沢車両」を経営される吉沢康弘社長だ。吉沢氏は「井本さん、これで遺骨調査活動を続けて下さい」と、自社の売上金を度々持参しては調査活動を支援。まさに貧女の一灯*で、その支援金を活用すると、その度毎に少数民族調査隊が成果を出してくれた。それは僕と少数民族との絆を更に深める結果となった。

そのお陰だろう。「いや、待てよ、今僕が止めたら、他にこれをやる人間はいなくなってしまうんじゃないか?」と、思いを改めている自分がいた。撃つに弾無しならば現地調達だ、と腹を括る自分がいた。

*貧女の一灯…金持ちの多くの寄進よりも、貧しい者の心のこもったわずかの寄進のほうが功徳が大きい。形式よりも真心が大切であるということのたとえ。

現地調査隊はそのままビジネス探しの井本探検隊に変貌。ミャンマーやタイ、マレーシア、インドネシア、バングラデシュに広がる僕の長年の仲間達が呼応して立ち上がってくれた。持つべきは友である。**バイオ燃料、フルーツ、農作物、中古機械などの輸出入事業から得る利益の一部を遺骨調査事業に充てようと東南アジアを駆け巡る日々**が続いた。このビジネス・スキームを構築する間、イスラム圏に逃れ困窮と政治的迫害に戸惑う多くのロヒンギャ難民やウイグル人達に再び出会うこととなった。

ツバメが結んだ日本ミャンマー未来会議

日本では、**ジャーナリストとして活躍中の畏友・有本香女史**が、この窮状を打開すべく各界やメディアを通じて告知。僕が日本へ一時帰国した際には講演会を開催して頂いたり、女史が出演される「**虎の門ニュース**」へも度々出演させて頂き、僕自身の口からも遺骨調査事業の実情を説明する機会を頂戴するなどした。後に、女史より、いっそのこと民間で社団法人を立ち上げ、この問題にけりをつけようと、進言して頂くことになる。

一方、東南アジアでは、考え得る限りのビジネス案件の中に「アナツバメの巣」という品目があった。それが「美巣」の稲富幹也社長との出会いに繋がることとなる。知人を介して稲富氏と初めて会ったのは東京。折りしも同郷の福岡県人。そこで僕はミャンマー、タイ、インドネシアにもツバメの巣があること、日本兵の遺骨調査事業の現状を説明。ツバメの巣をこのスキームに入れて頂けないかという話を快諾され、南ミャンマーやインドネシアのアチェ州などを共に駆け巡ることとなった。

地元福岡では、稲富氏が師と仰ぐ「(株) 修成工業代表取締役」兼「(株) ラムロック会長」の藤本隆二氏を中心に、福岡の地元企業有志達が集い、有本女史の提案を受けて二〇一八年六月に「日本ミャンマー未来会議」を設立する運びとなった。フルーツやバイオ燃料など幾つかのビジネスも動き出し、ミャンマーの遺骨調査事業は同年同月、遂に再開を果たした。少数民族調査各隊から勝鬨の声が上がった。

逆転のゼロ

活動停止中のODA案件、農業事業にも光明が見えた。在ミャンマー日本国大使館、丸山特命全権大使(当時、公使)の計らいで、日本財団職員と共にカレン州の州都パアーンに赴いたのが二〇一七年十月。既に全土停戦に署名しているカレン民族同盟(KNU)とカレン和平評議会(KNLA/Peace Council)の二派について、カレン州州政府首相ナンキン・トゥエ・ミン女史に直談判し、農業事業の再開を要請。州首相はこれを快諾され、州政府の意向であれば中央政府もそれを許可するという運びとなり、四月以来活動を停止していた農業事業が十一月末からカレン州で再開の運びとなった。**我が社の社員八十名は七カ月間の生活の困苦に耐え抜き、全員が戻ってきた。**本当に有り難い限りだ。

ミャンマー国軍動く

「お前のお陰で、マンゴーの商売は潤った。これで根回しは終わったから、次は表から正式に依頼しなさい」

アウン・ミン前大臣から次の提案があった。日本の某コンビニエンス・ストアが新たに仕入れるマンゴーは流石に注文量が多いため、大農場主から仕入れるしか術が無い。そのような大農場を持っているのはミャンマー国軍の旧・現高官達しかいない。僕は、日本兵の遺骨が眠る埋葬地を掘ることを条件にその商談を開始した。実は、旧日本軍の基地はそのほとんどが現ミャンマー国軍の基地として受け継がれている。通常、関係者以外立ち入り禁止のそこには旧日本軍の病院や埋葬地があることは前々からつきとめていた。**マンゴーの商売は前に進み、国軍高官の懐を潤す見返りに国軍基地内の日本兵埋葬地の発掘に内諾を得た。**今度はマンゴーが遺骨調査事業を結んでくれた。アウン・ミン前大臣が、「次は表から」と言ったのはミャンマー国防省のこと。ミャンマー国防大臣に遺骨調査事業への承諾を取り付けなさい、という意味である。

九月十一日、在ミャンマー日本国大使館・丸山特命全権大使と共にミャンマー国防省を訪問。

上記の依頼を伝えると、国防大臣セイン・ウィン中将より、「**日本軍はミャンマー軍の産みの親です。難しいことではありません。どうして協力できないということがあり得ますでしょうか**」とのお言葉を賜った。僕の横にはソー・モア・アウンがいてくれた。

その三日後、日本に一時帰国したばかりの僕にソー・モア・アウンから「国軍司令官からの許可が出た。これに従い、国防省は遺骨調査事業に関連する内務省、環境省、森林省、鉱業省に対し本事業への協力要請が為された。**ミャンマーは国軍を挙げて日本兵遺骨調査事業を応援することになったぞ**」とのメッセージが届いた。

ミャンマーでの遺骨調査事業は、これまでの少数民族調査隊に加えて、遂に国軍が動くこととなった。さらに、**キリスト教徒の多い少数民族地域では、カソリックやパブテストの司教達が動き、全信者に遺骨調査への協力が通達**された。これにより、**日本兵遺骨調査はミャンマー全土にかつ効果的に及ぶ**ことになった。また、極めてオーソドックスながらも過去に三千柱もの日本兵のご遺骨を探し出している僕等調査隊に、米国の遺骨収集を行う国防総省ＤＰＡＡ（Defense POW／MIA Accounting Agency）からも声がかかった。米兵の遺骨調査への協力要請である。勿論、僕は快諾した。

＊日本軍はミャンマー軍の生みの親…ビルマ（ミャンマー）は英国の植民地だったが、日本軍の指導によりビルマ独立義勇軍が創設され、ビルマ占領後はビルマ防衛軍、独立後はビルマ国民軍として、現ミャンマー国軍の源流になった。

未来へ

「日本ミャンマー未来会議」は、ミャンマー全土の遺骨調査に続き、同国の今後の調和的発展と次世代育成に努め、またその一方で、アジア全域（オセアニア、フィリピン、台湾、沖縄、硫黄島など）で活躍される民間の遺骨収集事業を支える存在としたい。

一方、イスラム圏で行き場を無くしつつある**ウイグル***や**ロヒンギャ**の方々には、大阪の盟友・安保智子女史の声かけと日本の仲間達の応援により、漸次適切な支援を続けている。この場を借りて感謝申し上げたい。

僕の命題は、先代先師に対して何ができるのか？次世代の為に何が残せるのか？だ。実践と実現あってこその理想だと常々考えている。

そして、二〇一八年九月十九日、僕は**日本経済大学**（都築学園グループ、所在地：福岡県太宰府市、学長：都築明寿香）**の特命教授の辞令を拝命**した。甚だ不束者ながら、自分が得た経験と知見とネットワークを本学の若人達や次世代を担う若人達に繋げるべく、引き続き全力投球で頑張りたい。

最後にこの場をお借りして、本著が世に出るまでの間、お世話になったすべての方々に感謝とお礼を申し上げる。

＊ウイグル…東トルキスタン国の民族。中国共産党の侵略を受け「新疆ウイグル自治区」と呼称されている
ロヒンギャ…ベンガル系イスラム教徒

日本ミャンマー未来会議　代表
日本経済大学　特命教授
井本勝幸　拝

目次

二つの戦争を終わらせよう　井本勝幸

カレニー編　87

二つの戦争を終わらせよう

井本勝幸

北チン州編

戦後七十年

二〇一四年五月五日、今日もチェンマイ空港は朝から多くの人で賑わっている。ヨチヨチ歩きの白人の子供がひょうきんなお父さんを満面の笑顔で追いかけている。難しい顔をしたおじさんビジネスマンが左手に差した腕時計を見てはブツブツと独り言を吐いている。周りのことなんて気にしない中国人の団体観光客は大声を出しながら、チェック・インの列に割り込んでは世界中の観光客から顰蹙の目で見つめられている。

これから僕はバンコク経由でヤンゴン入りし、北チン州へと向かおうとしている。

何故、**北チン州などというインド国境（マニプール州、ミゾラム州）に近い辺鄙な場所**へ向かうのかというと、先の大戦で戦死された旧日本軍兵士のご遺骨が見つかったとの報告を、そこに住むゾーミ（チン州北部に住む少数民族。以下「ゾーミ族」あるいは単に「ゾーミ」と記す）の人々から受けたからである。そこは、かの有名な**インパール作戦に向けて旧日本軍が歩を進めた進路のひとつであり、また作戦失敗（敗退）後の兵士達の悲惨極まりない退路となった場所**に当たっている。

翌年（二〇一五年）は**戦後七十周年という節目**の年を迎えるが、日本で超宗派の仏教者有志らによって「ご遺骨帰國運動」が結成され、ビルマ（ミャンマー）の少数民族が各地で捜索活動を開始してから早くも一年が過ぎた。少数民族各派の捜索チームは活動開始当初こそ順調な滑り出しを見せたものの、途中でひとつの大きな難問に直面することになった。その難問とは、民主化を進めている（と言われる）今のミャンマー政府が提案した反政府少数民族武装勢力との六十有余年にわたる内戦終結のための「全土停戦」案である。**この長きにわたった内戦のために、日本は、少数民族紛争地域でのご遺骨捜索ができないままになってきた**という経緯がある。

北チン州

ここで簡単に説明しておくと、今回の少数民族地域でのご遺骨捜索の現場は、二つの領域に分かれている。ひとつは、**少数民族勢力の実効支配地**。もうひとつは、**少数民族勢力とミャンマー国軍が混在して統治している不透明地域**（以下、「グレー・ゾーン」）である。前者に関してはそれぞれ順調な滑り出しを見せたのだが、その調査活動は必然的にグレー・ゾーンにまで及ばなければ正確な調査ができない。しかし、グレー・ゾーンは国軍と少数民族各派の軍が複雑に混在統治しているため、**調査上の安全確保が難しい**のだ。ここに至ってミャンマー政府は「少数民族勢力との全土停戦合意後であれば全面的に協力できるので、それまで待って欲しい。」との提言を行ってきた。

しかし、今回僕が行く北チン州は紛争地帯ではないし、ゾーミ族という少数民族が住んでいるとは言え完全な政府側支配地である。先の軍事政権は、ゾーミ族が住む北チン州への外国人の入境を禁止してきたのだが、それも二〇一二年に解禁された。ひとつの民主化の成果と言えるが、もちろん今でも入境には政府からの許可が必要で、勝手に入ることは許されていない。と言うより、電気も電波もゲスト・ハウスも何も無いような所に好んで入って行くような人は稀だろうし、許可無しに入って行って警察や軍に見つかってしまえば、それまでである。

ともあれ、その入境許可も無事に取れた。ゾーミの仲間達もすでに基礎調査を完了させ、相当数のご遺骨が眠られていることも判明した。いざ、行かんである。何と言っても明年は戦後七十周年の節目の年に当たる。調査に不可欠な**当時を知る古老達も年々と鬼籍に**入りつつある。時期的にも、この辺で調査・捜索を行わなければ次の機会は永遠にやって来ないかもしれないのだ。

「七十年か……」心の中で何度も何度も反芻しては、チェック・インまでの長い時間の暇つぶしに当てていた。

自分のチェック・インの順番になった。タイ航空の年増の女性スタッフにパスポートを手渡し
「バンコク経由のヤンゴン行きです。」と告げる。ビザの判子で一杯になっているパスポートのペー
ジを掻き漁る小太りな年増の女性スタッフは、今持っているビザの場所が分からない様子で、
「ひょっとしてオーバー・ステイですか?」と聞いてきた。
「人生的にはオーバー・ステイですが、ビザは、それ、ほら、そこにあります。」
そんな軽口叩いていられるのもせいぜい今のうちだけだぞと、自分で自分のことを思う。大きな
口を開けて大笑いした小太りな年増の女性スタッフは、ビザの方はオーバー・ステイではないこ
とに合点したようで、早速に発券作業に入りながら、
「もう(タイ滞在が)お長いんですか?」と聞いてきた。いちいち年数を数えるのも面倒臭いので、
「**はい。七十年です**」と答えたら、一瞬の沈黙の後に、また大口を開けて爆笑する小太りな年
増の女性スタッフ。そんな軽口叩いていられるのもせいぜい今のうちだけだぞと、自分で自分に
言い聞かせる。
「じゃ、行ってきます」

ショッピング・タウン　ヤンゴン

ヤンゴン空港に着くと、いつものように相棒がガラス越しに手を振って合図してくれる。今日

はこの後、ゾーミの仲間達と一緒に調査用の必要機材などの買出しをしなければならない。現地で調達できるものは数が限られているからだ。事務所へ着いてしばらくするとゾーミの仲間達がやって来た。一行四名。代表のパウル・パウ（47）、その奥さんのカン・チン。通訳のスワン（27）、そして新顔スタッフのカイ(23)。代表の**パウル・パウだけ名前が長いので、見てくれから「熊五郎」と呼ぶ**ことにした。僕の勝手な命名である。この熊五郎がキリスト教の司祭だと知ったのは後のことだが、もうちょっとマシな名前を付けてあげれば良かったと後悔している。熊五郎の奥さんにもここで初めて会ったのだが、機関銃のように喋り捲る「仕切り屋」タイプの元気者で、体つきも丸々としていて熊五郎の女版にピッタリだ。通訳のスワンはひょうきんで物腰の軽い陽気で楽天的な男で、実際とても頼りになることになった。新顔のカイは、むっつりタイプの無表情男で、少数民族武装勢力のボスの側近によくいるようなSP的な雰囲気を醸し出している。が、単に僕のことに人見知りしていただけだったということが後で分かることになる。

うちの事務所で一通りの状況報告を終えて、ヤンゴン市内の買い物ツアーに出発。なにせ、前回ヤンゴンに出向いて来た時は、**自分のパソコンを売り払ってお金にして旅費を賄った**という表彰したいくらいの貧乏軍団である。前回の自前でのご遺骨調査は、自前の車も無ければバイクも無く、移動には知人のバイクを無心して借りて乗り切ったツワモノだ。次々と購入する新機材を見ては、コロコロと喜ぶ熊五郎。タイから持参したGPS装置には、アフリカのブッシュマンがコカコーラの瓶を始めて見た時のような顔をしていた。ヤンゴンへの旅費に消えたパソコンも新品に変身。記録用のキャノンの最新カメラ二台、充電・照明用のソーラー発電パネル二枚。**熊五郎の奥さんは堪り兼ねて僕を拝みだした。**キャノンのカメラにサービスで付けられたカバー・ケースがNIKONと書いてあるので「メーカーが違うよ」と言ったら、「キャノンのカメラはどんなケースにも対応可能なんです」という店員。なんというポジティブな回答だろう。さらに調査用のバイクの新車二台。しかし、ソーラー発電パネルとバイクはここで買うよりも最寄のカレーの町で買った方が良いので、と言うよりも持ち運びできないので現金を託し、先にカレーに先行させて買い物を済ませて僕の到着を待つように指示した。

僕を待つように指示したのには訳がある。明日から相棒と二人でシャン州のラショーに行かなくてはならなくなったからだ。僕は今、この国のあちこちに農場や農学校を開いているが、**ラショーには日本から持ち込む予定のワサビ農場（苗センター）を開く**ことにしている。そこで新たに雇うことになった新人三名の青年たちがシャン州の田舎からラショーに到着済みで、仕事のやり方を教えなければならない。

熊五郎ことパウル・パウ

ラショー農場のワサビ達

避暑地ラショー

ヤンゴンからのプロペラ機は揺れに揺れた。おまけにラショー空港に着陸した時は不時着したのかと思う程の衝撃だった。ミャンマーの国内線は毎日乗り回しに酷使されていて、いつ落ちるかと大変不安になる。実際、**最近も何機か墜落**している。あまりの揺れに隣側に座っているおじさんが拝みだしたが、その姿を見て余計に不安になった。

ラショー空港の滑走路には何台もの国軍の軍用トラックが停まり、物々しい雰囲気に包まれていた。今にも飛び立とうという軍用ヘリ二機が兵隊を満載して滑走路を移動している。カチンやパラウン族との内戦への出陣である。その離陸のために滑走路でしばし待たされることになったが、ヘリのプロペラの強い風を受ける僕らはまるで映画のワンシーンにいるようだった。それにしてもである。**一昨日までインド方面の北チン州に行くぞと気合を入れていたのだが、なんと正反対の中国方面側のラショーにいる自分**に可笑しみが込み上げてしまう。

この国の地方空港にはそれぞれに入管がある。地方ごとに州政府を持つ連邦制国家だから当たり前なのだが、外国人にとっては面倒なものだ。僕の前に並んでいたタイ人の青年は入管職員から泊まる場所を尋ねられて困っていた。この国では外国人は必ずホテルかゲスト・ハウスに泊まらなければならないことになっていて、友人の家に泊まるなんてのは御法度なのだ。そのタイ人青年は入管職員に泊まるホテルまで強制的に指示されていたが、部屋の予約状況とか気にしなくていいのだろうか。

飛行場には前回同様、運転手のピューさんが迎えに来てくれていた。パラウン族の気の良い紳士だ。ポツポツと雨が落ちる空模様に雨季の近づきを感じながら、まずはホテルにチェック・インし、一休みして農場のあるナン・パチ村に向かう。

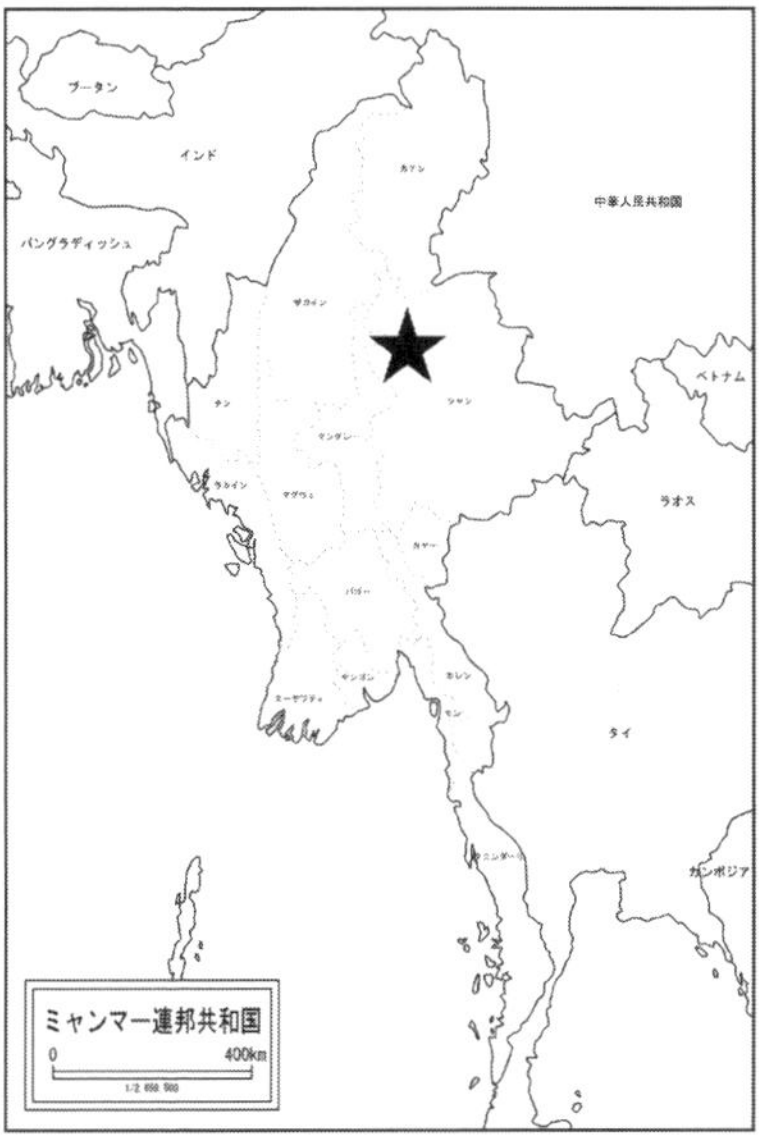

シャン州ラショー

ラショーは良い所だ。何が良いかって、涼しいところが良い。昨日までタイからヤンゴンと、うだる様な酷暑の中にいて正直夏バテしていた僕にとっては恵みの涼しさだ。

イナカッペ三人衆

ナン・パチ村はラショー市内から

車やバイクで十分程度の場所にある丘の上の郊外の村。岩石や岩山がニョキニョキと顔を出すその立地条件は、本来は村ができるような場所ではないのだが、今はパラウン族の住む村ができている。**こんな辺鄙なところに村が辛うじて成立しているのは、この地に湧水地があるから**だ。湧水は二ヶ所で湧いていて、村人の格好の水浴びや洗濯の場所になっている。この水が頗るヒンヤリとしていて水温は乾季でも一五度を下回っている冷たさ。僕がこの地を「わさび」の苗床（種&苗センター）に選び取ったのはこの湧水と雨季時にできる川からの豊富な水量が期待できること、そして、何より冷涼な気候のためである。

実はこの「わさび」には少し入り込んだ経緯がある。僕の所属する団体（GMC）は現在、ミャンマー政府の農村開発省と覚書を結んでいて、将来の農民や帰還避難民の生活力向上のために、この農村開発省と共同で「わさび」栽培を行うことになったのだが、適正な立地条件を満たす農地が中々見つからないでいる。かつて一度、首都ネピドー近郊にある農村開発省の実験農場を視察し、そこでやらないかと誘われたのだが、そこは水気の無い荒涼とした高温の乾燥地で、とても「わさび」栽培には適さない。しかも、どこでどう間違ったのか、**省の担当者は僕が「マカダミア・ナッツ」を栽培に来たと勘違いしていたというおバカな顛末**があった。恐るべしミャンマー。そんなこと一言も言ってないのに。「わさび」の苗は日本の長野県から取り寄せるのだが、取り寄せるに当たっては、とりあえずどこか適切な場所に苗を植えたい。農村開発省には別の場所を探して頂いているが、とりあえずどこか適切な場所に苗を植えたい。そんなこんなの経緯で、人脈を辿ってこの地に辿り着いたという次第なのだ。

農場に着くと、早速に若い新人三人衆に会った。この三人、**どこの山から降りてきたんだというとんでもないイナカッペ**である。その晩、一緒に夕食を食べたのだが、レストランという場の経験が無かったのか、三人とも思いっきり緊張し、箸も進まなければ言葉も出てこない。レストランとは言ってもその辺にいくらでもある中華料理店である。だが、三人とも性格は純粋。**僕と対面すると宇宙人でも見ているかのように一定の空間的かつ精神的距離を置いてはにかむ**。

ロン先生

ゾーミの仲間達とは八日に**カレー**（「カレーミョー」ミョーはビルマ語で「町」の意味なので以後「カレー」と記す）で再会することになっている。今日は七日だというのに僕はまだラショーにいたりしている。相棒が飛行機を探してくれたが生憎と飛行機の便が無い。仕方が無いのでピューさんの車でマンダレーまで行き、マンダレーに一泊して翌八日午後のマンダレー↓カレー便で向かうことにする。

中国雲南省からラショーを経由しマンダレーへと続く通称「中国街道」を下るのはこれが二度目だ。この街道は**中国とミャンマーの貿易の大動脈**。所謂トラック街道だが、走っているのはトラックだけではない。なんとバイクでバイクを運んだりしている。**バイクの荷台にバイク**が載っている。なんというアクロバットな輸送法だろう。恐るべしミャンマーだ。

前回、ここを通った時は先にも書いた「わさび」苗の栽培適地を探していたのだが、道中には大きな川や沢もあり、ここならばという場所は幾つかあったのだが、よくよく考えてみれば問題はアクセスである。どれだけ良い立地条件であってもアクセスの悪い場所に作ったところで仕様が無い。**こんな所で一人「わさび仙人」になってる場合ではない**。他にもやることがある。

今回の道中は単なる移動だけなので気楽ではあったが、途中トラックの横転事故で渋滞し、大木が倒れて道を塞がれては渋滞しと、まるでこれからの先行きを暗示するかのような道中となった。お陰でたっぷりとある時間を使って、運転手のピューさんから色々な話を聞いた。中でも興味を引いたのは**日本軍に従軍していたというパラウン族のロン先生**の話である。昨夜の夕食時にもこのロン先生の話が出たのだが、車中で改めて話を聞くことができた。

ロン先生は、もともと学校の教師をしていたのだが、ある日スパイの嫌疑を受けて当時の宗主国である英国軍に処刑されることになってしまった。処刑場である河原に引き連れられて行ったその時に、なんと**日本軍が登場し英軍を蹴散らしたことで刑を免れる幸運**に逢った。それ以来、終戦まで日本軍に従軍したというのである。このロン先生、残念なことに昨年他界されたそうである。あのおじいさんが今でも生きていたら、当時の日本軍のこと、ご遺骨が埋葬された場所など色々なことが聞けたと思うよと言われ、実に残念な思いをした。
ロン先生、会いたかったです。

カレーなる再会

マンダレー空港は、なんでこんなところに作ったのだろうかと七不思議に入れたいくらいマンダレーの町から離れている。空港のターミナルはミャンマー第二の都市だけあって、他の地方空港よりもうんと大きいのだが、中は伽藍堂で静寂な空気が漂っている。お店がいっぱい入っているのだが、ほとんど開いていない。そして、そもそも人の気配がほとんど無い。
ここからカレーまでは相棒と別れ一人旅になる。普段は主にミャンマーの東側ばかりで働いているので疎遠な西側に行くという冒険心に心がときめく。

テディム街道

機内はほとんど人が乗っていない。窓から下を眺めているとやがてチンドウィン川が見えてきた。なんと、**川の水が青い**ではないか。この辺の川は全部泥混じりのコーヒー牛乳色ばかりと信じていた僕には、それが第一の衝撃だった。川底が飛行機からでも透けるように見えるのだ。
やがて今度は山が広がってきた。南北に連なる低めの山地を越えると縦長の平野を挟んでまた次の山地へと盛り上がって行く。ちょうど千葉県の農村地帯のようだなと思い安心していると、次第に山の高さがドンドンと高くなっていき、山地ではなく山脈級になってきた。見ると、山脈間の平野部は消えうせてしまい縦長の山脈だらけになってきた。山には随分と慣れ親しまされてきたが、こういう山の中を分け行っていくのだろうなと思うと、もう笑うしかなくなってくる。

カレー空港に着き、滑走路に降り立つとずっと向こうの方に大きな山脈が見渡せる。まるで信州の松本駅の改札口を出てきたような気分になる。**あの山の中に行くのかと思うと、もう笑うしかない**。

空港の敷地の外に熊五郎とスワンの顔を見えたので手を振ると、向こうも手を振り替えしてきた。が、空港の入管で思わぬ事態に遭遇。先にも書いたが泊まるホテル名を言えと入管職員に尋ねられる。初めて来るところだ。ホテル名なんて知る由も無い。慌てて熊五郎とスワンにこっちに来いと手招きし、ホテル名を告げさせる。なんとか入管をすり抜け、一安心したところで熊五郎と抱擁し合った。

テディム街道

ホテルは空港から道を挟んだ真向かいにあった。ゾーミの仲間達はこのホテルで僕の到着を待っていてくれた次第。もちろん、ここには宿泊しない。このままテディムを目指す。僕らのベース・キャンプはそのまた先の**シン・ギィアル村**なのだが、時間的に今日中の到着はできない。今日はテディムまで行き、そこで一泊することにしている。

「風呂でも入ってから行くか？」と、熊五郎は暢気なことを言う。

「いやいや、風呂はいい。それより早く出発しよう」

もう午後過ぎなのだ。山道のことを考えると早めに行動した方が良い。

「見てくれ！これが新車のバイクだ！」勇み立つ熊五郎。バイクと言ってもスクーターに毛の生えた程度のものだが、**熊五郎は誇りを持って真新しい二台のバイクをまるでＶＩＰにでも会うかのように紹介**してくれた。ソーラー・パネルは熊五郎の奥さんが車で一足先にシン・ギィアル村に運んで行ったそうだ。

さて、出発という段になって、車の姿が見えない。「車は？」と聞くと、「バイク二台の新車の初走りにしたから頼んでいない」と言う。さらに「俺とスワンとカイとお前の四人だから、二人乗りで行けて丁度良い」とまで言う。**あの山にこのスクーターで挑むのか**。しかも、二人乗りで。どうしてそう不安を掻き立てる方にばかり行くのだろう、この連中は。あれだけ車を用意しとけよと言っておいたのに。

町を抜け、あっちはチン州という心細い小さな木製の道路標識を過ぎると急斜面の山道が始まる。熊五郎やスワンからこの道こそ**旧日本軍が進退した**「**テディム道路**」だと紹介してくれたので、最初のうちは感動を持って進んでいたのだが、そのうち**股間が痛くなってきて、やがて頭の中は股間の痛みのことだけでいっぱい**になる。なにせ、バイクにはそれぞれ二人分の荷物までくくり付けているので、座るスペースが限られているのだ。熊五郎の背中で僕は度々叫び出すようになった。

「**熊五郎、金玉！**」

熊五郎と股間を合わせる仲になっただけでも屈辱的だったのだが、道中の凹凸に出くわす度に、引き締まった厚手のジーパンに固定されきった股間に衝撃が走る。もう、ただ、兎に角、金玉が擦れて痛いのだ。僕が「**金玉！**」**と叫ぶと、それは休憩の合図**になってしまった。今でも熊五郎は「金玉」とは「休憩」という意味の日本語だと信じているに違いない。

Mt．ケネディー

テディムへは、途中**チン州第二の高峰**「**ケネディー山**」を越えなければならない。標高二七〇〇メートル程の山だが、道路はそのほぼ山頂付近を通過している。バイクは途中から雲の中を入ったり出たりして、めっきりと冷え込んできた。寒いのだ。**気温はなんと五度**。口から白い息が出る。さっきまで酷暑に喘いでいたのが嘘のようだ。

山頂付近に来ると、道路が塞がっていた。こんなところで出くわすとはの、道路工事。見上げると、**落っこちるんじゃないかと心配になるような斜面にクレーン車が働いていて、こそぎ取った瓦礫を僕らの通る道をめがけて落とし込んで**いる。道路は瓦礫で封鎖状態。道路にある程度瓦礫が溜まると、下で待機しているショベルカーがその瓦礫をさらに崖下に落とすという作業をしている。

ここは雨季になると毎年のように地滑りが起きるので始終こうやって工事をしているのだそうだ。工事が一段落するまでの長い間、道路わきで待たされることになった。道路下を見下ろすと、高所恐怖症の人はヘタヘタと座り込んでしまうような**この世の奈落の底のような崖**になっている。落っこちそうなところにいるのは僕らも変わりがない。

道路に車やバイクが溜まりきった頃に工事が終わり、賽の河原のような峠を越えると**ケネディー・タウン**に差し掛かる。タウンではなく小さな村なのだが、ここで給油休憩。バイクは燃料タンクが小さいのであちこちで給油しなければならないらしい。

連なる深山の彼方に陽の差したなだらかな一帯が目に入る。恐竜の楽園でもありそうなところだ。日がドンドンと傾く中、僕らのバイクはそれから幾つもの峠を越えて、ようやくにして今日の目的地テディムに到着した。

パンロン合意ゲスト・ハウス

テディムではチムヌアイ・インという通称「パンロン合意ゲスト・ハウス」[*]で旅塵を落とした。この宿の当主こそ、あの**パンロン合意でチン州代表としてサインした当人**であることからそのように通称されている。チン州代表がチン族ではなくゾーミであったとはこの時初めて知った。今でも氏の孫息子がこの宿を経営しておられる。

その晩のもっぱらの話題は、明日の天気が雨だったらどうするかであった。ここからさらに険しくなる山道に荷物を抱えたスクーターの二人乗りというのは流石に危ないだろうというのは**能天気なほど暢気なゾーミでも気がかり**な様子。僕は初めてのところなので、様子が分からない。様子が分からないので想像がつかない。あれこれと話した挙句、最終的に、**明日の天気次第で考えよう**という結論を出した熊五郎の暢気さには改めて舌を巻いた。

明日は出発前にゾーミのチン州代表、ザム・カン・スアン大統領に挨拶をするよう言い渡されたので気前良く了解しておいたが、これが**明日の旅程に大きな影響を及ぼす**ことになるとはその時は想像もつかなかった。

その晩は町で仕入れてきたセーターを着て、通訳のスアンを酒の相手に夜更けまで話をした。

ＺｏｍｉのＺｏは「山」の意味で、ｍｉは「人」。したがって、Ｚｏｍｉとは「山人」という意

＊パンロン合意…ビルマが英国から再独立する前年、独立運動の指導者アウン＝サンと少数民族の代表らが会談し、少数民族の自治権を認めることで合意。しかしアウン＝サンの暗殺により自治権は制限されることになった。

味であること。ゾーミ族は、チン族とは違うという意識を持っていて、言語の違いは方言の違い程度なので厳密には同族と言っても言いのだろうが、チン族と見なされることを嫌っていること。ゾーミの大半は、これまたチン族同様なのだが、キリスト教徒であること。プロテスタントが多数派であるがカトリック教徒もいること。いずれも英米の宣教師達によってもたらされたものであること。また、少数派ながら「ライ・ピア教」というゾーミ独自の宗教組織もあること。チン族のチンとは「籠（かご）」の意味で、いつも籠を背負って生活しているのでビルマ族がチン族と呼称し、それが民族名、州名になったこと。ゾーミはチン州やザガイン管区だけでなくインドにもバングラデシュのチッタゴン丘陵地帯にも先住民族として住んでいること。インドのミゾラム州の「ミゾ」は「ゾーミ」の意味であること。焼畑で作る陸稲を主食にしていて、九月の収穫を終えると十月にクア・ドー（ＫｈｕａＤｏ）と呼ばれる収穫祭が行われること。これは季節的に日本と変わらないが、ゾーミではその収穫祭が新年とされていること。

パンロン合意ゲスト・ハウス

尽きぬ話に耳を貸しているうちに、外は猛烈な雨が降り出した。

こりゃあ明日が思いやられるばい・・・。

がま口親分とぶどう酒

翌朝、雨は降り止まずに断続的に降り続いている。おまけに猛烈な風まで伴っている。谷底へ下った流れ雲のガス体が向こうの谷に当たって狂ったように急上昇している。もうここでは雨季が始まっているのだ。今年の雨季は北チン州で迎えることになったようだ。

ゲス・ハウス二階にある簡素な応接間に座っていると、ザム・カン・スアンが足音を軋ませて取り巻きと一緒に上がってきた。七十過ぎの大柄な親父で充血した両目とがま口財布のような口が印象的だ。**大統領（プレジデント）と称しているのに、ヨレヨレの服装で登場したのを見て安心**する僕。低音だが流暢な英語を操る。挨拶と握手を交わすや否や、パオ族のリーダーであるオカーやカレン族KNUの副議長であるジフォラ・セインらを知っているかと聞いてきた。「ああ、良く知ってます」と返すと急に顔が綻ぶ。安心したのだろう。しかし、僕が（ここはチン州なので）CNFのドクター・スイカーなども知ってますよと付け加えると急に機嫌が悪くなり「あいつはドクターとは言っても、獣医（アニマルドクター）だ」と、掃き捨てるように返してきた。奴が獣医だったとは初耳だったが、どうやらがま口親分、CNFがお嫌いのようである。

「お前はCNF*（チン族民族戦線）のことをどう思うか？」

がま口親分は椅子に座るなりいきなり難しい質問を浴びせてきた。**ビルマの少数民族によく有**

＊ CNF チン民族戦線…ミャンマー西北部のチン州を中心に居住するチン族による武装組織。

る州内州問題[*]の話がここにもあるようだ。親分の口から、奴等はチン州全域はCNFのものだと言い張っていること。ゾーミはそのような主張は認められないこと。奴等のリーダーはアメリカやカナダに住んでいてチン州には住んでいないこと。そういう連中にチン州のことを語る資格などないと思っていること。奴等はインドから傭兵を借りてきて武装勢力に見せかけているだけだということ。奴等はこれまでゾーミの人々を襲い、金品を略奪してきたこと。

しばらく熱心に耳を傾けて「ありがとうございます。お陰で状況が良く理解できました」と返すと、ニッコリ笑って「お前、ワインは好きか？」と聞いてきた。**そこから先はもうただの良いおじいちゃん**である。いいたいこと言って、スッキリしたのだろう。もちろん好きだと答えると、「この辺はブドウの産地なので、手作りのワインがあるから飲んでいけ」と言うや、部下にワインを持ってくるように命じた。

ザム・カン・スアン大統領

これから目的地のシン・ギィアル村に向かおうというその矢先に、**朝からワインの利き酒会**になってしまった。ワインとは言っても自家製の甘ったるいぶどう酒である。外は大雨。早速今日中に出発できるのかと不安になってきた。

「なあに、心配せんでいい。この雨だからワシが特

＊州内州問題…１つの州の中に別民族の州ないし統治地域が存在している問題。

別に頑丈な車を用意してやる。バイクの方は一人乗りで乗り切った方が良い。じゃないと病気になっちゃうし、病気になってもあの辺には病院も医者もいないからな」

以外に優しいがま口親分。その言葉に安心してか、僕もついついと飲み進めてしまう。甘ったるいが、**これが結構美味い**のだ。二〇一一年に外国人のゾーミ地域への越境許可が降りたのは「ワシがテイン・セイン大統領と話を付けたからだ」と利き酒の席で自慢げに語る。しかし、考えてみれば**無医村地帯の上に無薬村地帯に入る**ということは自分が病気になった場合を考えると、結構ヤバイところに来てしまったのだなと改めて思う。とかなんとかで、がま口親分に乗せられてしばしのご満悦状態。

その後、**僕らが路頭に迷う羽目に**なるとは、その時は知る由も無かった。

ジープ、故障する

がま口親分が用意してくれたのはこの辺でよく使用されているジープ。がま口親分が「一番頑丈なのを選んでやったから心配せんでいい」と言ってくれた保障付の一品。がま口は「**日本製のジープだ**」と自慢していたが、ジープは日本製ではないよと言うと、エンジンが日本なのだと鼻高々だ。時計はもう午前十一時を回ってしまっている。なんという出だしの悪さだろう。やがて僕らのジープは、降りしきる雨の中をがま口親分に見送られ、ようやく出発することになった。「時

＊ジープ（Jeep）…米国クライスラー社による四輪駆動車ブランド。1940年、米陸軍の要請により開発された。日本では一時期、新三菱重工が主要部品を輸入して生産していた。

間も時間だから、昼飯を食ってから出発したらどうだ」と親分に勧められたが、流石に旅の時間のことを考えて丁重にお断りした。

　テディムの町外れの峠に差し掛かると、ジープが止まった。**お祈りの時間**である。キリスト教徒である彼らは、旅に出る時はいつもこうして決まった場所でお祈りをする。旅の安全を祈るのだ。谷へ下り、山を登り、ジープがトンザンの町に着いたのは午後二時を過ぎていた。トンザンはかつてゾーミの土侯（豪族の王）が居城していたところで、今は、王宮のあった場所はキリスト教の教会になっている。言われてみれば、田舎町ながらもどこか品格のある風情を呈している。**王族の末裔は今でもこの町で健在**なのだそうだ。さて、ここでバイク組は燃料を給油し、それから遅めの昼食を取り、目的地のシン・ギィアル村へと出発した。

　トンザンの町並みを抜ける前にジープが止まった。今度はお祈りの時間ではなかった。燃料をエンジンに送り込む管が崩れ、燃料漏れしているのが見つかってしまったのである。つまり、**故障した**のだ。仕方なく、ここで応急処置を取ろうということになり、道路端での修理が始まる。待つこと二時間。もうすぐ完了するという話に安堵し、バイクで先に行って途中で待つことになった。待ち合わせの場所は山の中。山

牛の鈴と鳥の音しか聞こえないような道路端に腰を下ろし、待つことさらに二時間。車はやって来ない。あまりに遅いので、バイクを偵察に戻したところ、やっぱり直らなかったので、今、**別の車を探しているという絶望的な知らせ**。日は思いっきり傾いている。夕暮れが迫る空にがま口親分の顔が浮かぶ。

それからしばらくすると近くのキリスト教会から借りてきたという別の年代物のジープがガタゴトとやってきた。兎に角、先へ進もう。ガタゴト・ジープは騒音を撒き立てながらマニプール川に架かるナク・ザン橋を渡る。マニプール川はインド、インパール方面から流れてくる大河である。橋無しには渡河できないマニプール川は戦時中の要衝であったため、ここで英軍と日本軍との橋の奪い合いが繰り返された。この橋は日本軍によって一度、英軍によって一度、合計二度も爆破、破壊されている。

橋を渡り終えた直後、ジープが止まった。今度もお祈りの時間ではない。タイヤのナットが外れて無くなってしまったのである。つまり、修理が必要ということだ。**要するに故障した**のである。夕闇にがま口親分の顔が浮かぶ。

バイク、事故に遭う

ガタゴト・ジープのタイヤ修理は幸い短時間で済んだ。すっかり日が暮れてしまったテディム街道をひた走る。と、またガタゴト・ジープが止まった。今度は外装の鉄板のナットが取れて無くなってしまい、めくれあがった鉄板が振動の度に音を立てるので応急処置を取るのだと言う。まったく、この辺にはまともな車というものが無いのか。その後、再び走り出してからは周囲は漆黒の闇の中。それから、どれくらい走っただろう。盆地のトゥイ・キアン村を過ぎると、スアンが「もう一山越えたらシン・ギィアル村ですよ。」と言う。**トゥイ・キアン村は北チン州一帯では最大の日本軍基地があった場所で、その当時は「サカーン」と呼ばれていた**そうだ。ここには付近最大の野戦病院もあったそうで、その裏山に夥しい数の日本軍兵士が埋葬されていると言う。この付近は、後日検証調査することになる。それよりまずはベース・キャンプとなるシン・ギィアル村に着くことが今は先だ。

そう思っていた矢先の山の上り坂の途中、バイクで先行していたカイが呆然と路上で佇んでいる姿が車のライトに照らし出された。バイクの姿が無い。尋常な様子ではないので、車から降りて尋ねる。

なんと、**山から大蛇が飛び出しカイに襲い掛かってきた**と言うではないか。**慌てたカイは反射的に後ろへ飛び退き、バイクと大蛇は谷へと落っこちてしまった**のである。僕が通りかかった時にはすでに大蛇の姿は無かったが、十メートル程の崖下に新車バイクが転がり落ちているのが夜目に入る。なんということだ。**新車がいきなり事故車に**なってしまった。しかし、カイの身には何の損傷も無いことが不幸中の幸いだ。早速ガタゴト・ジープに積んであったロープを引っ張り出し、引き揚げ作業に入る。

バイクというのはこんなに重いたいものなのか。引き揚げ作業のお陰で寒さは解消したが、そんなことを喜んでいる場合ではない。一体何時になったら目的地に着けるのか。引き揚げられたバイクを車の明かりで照らすと、バック・ミラーが取れ、プラスチック枠が歪み、点灯スイッチが消え失せてしまった泥だらけの痛ましい姿が闇夜に浮かび上がる。恐る恐るとエンジンのスイッチを押すと、数回の後にエンジンがかかった。今度はその辺をテスト走行。なんとか走るではないか。

よし！目指せ、シン・ギィアル村である。

ようこそシン・ギィアル村へ

着いたのは何時だったのだろう。深夜であることは間違いなかった。それでも**シン・ギィアル村の村人は全員で到着を待っていてくれた**。到着直後、有無を言わさずにゾーミの民族衣装を着せられ、帽子をかぶらされ、ゾーミの伝統酒「ゾー・ズー」を一気飲みさせられ、ドライ鹿肉を口にくわえさせられ、おまけに民族ダンスの輪に加わって一緒に踊れと言う。火縄銃の礼砲が四発夜空に響き渡る。太鼓と鐘が鳴り、村人総出の踊りが始まった。村人が歓迎してくれるという話しは熊五郎から聞いていたが、大袈裟なことはしなくていいからと重々言い含めておいた。しかし、村民が歓迎したいというのだから、こちらがどうこう言う訳にもいかない。先の軍事政権時代この地は外国人の入境を禁じられていたし、解禁になった以後もシン・ギィアル村以北のインド国境までは先の大戦以後外国人が入ったことが無いのだから無理もない。**先代や先々代から語り聞かされてきた日本と日本人だが、戦後世代は誰も日本人に会ったことが無い**のだ。

村長が狂ったような声を張り上げ槍のような杖を振り上げて輪の中で踊っている。子供たちや若者たちが踊っている輪の中央では、別のもうひとりのおじいちゃんが座り込み、バケツの中から突き出た竹ストローで何かすすっている。あまりの異様な光景にこのまま僕は首狩りの餌食にされるのではないかとさえ思ったほどだ。この辺の住民は、山で鹿やイノシシを狩り、それを食料にしているのだが、獲物を取った時には大きな雄叫びを上げ自然界に報告する慣わしがある。村長が張り上げているのは、その雄叫びであった。スアンが横に来て通訳してくれる。

「戦争の時、あまりの戦闘の激しさに、私たちはこの村を失い遠くへ逃げることになった。今、私たちはこの村に戻り、幸せに暮らしている。あの日以来はじめて日本人が激戦地だったこのシン・ギィアル村に戻ってきた。あの戦争で無くなった日本人達の魂を連れ帰るために、日本人がシン・ギィアル村に戻ってきた」

ベース・キャンプ、カム・ザ・ナン家

　踊りが済むと、僕らのベース・キャンプとなる一軒の民家に通された。家主はこの村最高齢のカム・ザ・ナンというじいさんの家。家主を紹介されると、なんとさっき輪の中でバケツをすすっていたじいさんではないか。あのバケツの中身は「ゾー・ズー」で、いわゆる自家製の米ワイン。発酵した米が入っているビン（バケツ）に上から水を注ぎ、底の方から竹のストローですするのが伝統的な飲み方になっている。祭りの時は村一番の最高齢者が輪の中央に座ってすするのがここでの慣わしなのだそうだ。

　家の中は、先に到着しすでに設置を終えていたソーラー・システムが威力を発揮していて、明々とした蛍光灯が灯っている。いきなりハイテクに変わったカム・ザ・ナン家。通された部屋で荷を解き、ほっと一息するのも束の間、**これから村民集会をやる**のだという。中々休ませてくれない。

　村民集会は、自己紹介や僕がここに来た目的、明日からの調査スケジュールの確認と、滞りなく済ませたので、ここでこのシン・ギィアル村について整理しておきたい。**この村は、先の大戦中に英軍の空爆で二度も消失**している。日本軍がこの村にも駐屯していたからである。言うまでも無くこの村はテディム街道沿いにあり、当時は四十軒を越える家屋があったが、戦時中の二度にわたる村そのものの焼失により村人の大半がカレーに移住してしまい、現在では**わずか七軒、**

人口五二人のみの寒村となってしまっている。この七軒の住民全員は血のつながった親戚関係にある。他の村から嫁が来ない場合は、従兄妹同士の結婚も行われているそうだ。

標高一五六三メートル、このシン・ギィアル村のカム・ザ・ナン家をベースに、明日からご遺骨の検証調査が始まる。これだけの標高があれば「山」と言ってもよいと思うのだが、ゾーミ達は「丘」と呼んでいる。集会の後、地図を机に広げて明日のルート確認を行うと、家主のカム・ザ・ナンじいさん（以下、「ナン爺さん」）がやってきて「**ワシの親父が言っていたのと同じだ。日本の兵隊さんたちは地図を広げて色々と話し合っていたと言っていた**」と妙な感嘆をしている。明日は、この村から北方のカン・サウ・ザン、チカ、インド国境方面を回ることになる。このナン爺さん、翌日の調査に同行してくれたのだが、大活躍をしてくれることになるとはこの時は想像だにしなかった。

旅の疲れもあり、その後は倒れるようにベッドに伏した。深い眠りを破ったのは、トタン屋根で轟音を立て始めた雨音。あまりの轟音に飛び起きてしまった。さらに間近で鳴る雷鳴。雷というものは空で鳴るものだと思っていたが、標高が高いので真横で轟いている。強風の音まで加わり、まさに大迫力なのだが、さすがに疲れの方が勝っていていてまたいつの間にか深い眠りに入ってしまった。

ナン爺さん

村の朝は早い。午前四時過ぎには女達の炊事の音や、男たちの薪運びの音が聞こえ出す。雨は断続的に降り続いている。朝の挨拶を済ませ、顔を洗い終わってベッドに戻るとナン爺さんがスアンと一緒にやってきた。僕に話すことがあるのだという。ナン爺さんは七一歳。終戦時の生まれなので、自分の記憶ではないが自分の亡父から語り聞かせに聞かされてきた話をしたいのだと言う。話しはなんと第一次世界大戦から始まる長いものだったので、先の大戦で日本軍がこの地にやって来た頃からの話しだけここに抜粋しておく。それは、**戦史を書き換えるような驚くべき話**であった。

先の大戦中、英軍のインパール基地で指揮を取っていたジェネラル（「将軍」の意味だが、本人の亡父や地元民がそう呼んでいただけで、実際の地位や本名は分からない）はドイツ系イギリス人で、ドイツに密かに通じ忠誠を誓っていた。当時のドイツは日本と同盟国。その英国の将軍は密かに日本軍と通じていた。この**テディム街道を建設したのは英軍であり、それは日本軍をインパールへと導くためのもの**であった。英軍はわずか一ヶ月の突貫工事でテディム街道の建設を終え、その後入ってきた日本軍が道路を補強した。日本軍がインド国境まで破竹の勢いで進軍できたのはそのためである。日本軍はビルマ側の拠点拠点に次々と基地や病院や陣地を構築した。シン・ギィアル村もそのひとつである。**英空軍の空襲の際には、某ドイツ系イギリス人の将軍から事前通報があったため、人的被害はほとんど無かった。**ゾーミ族は、ビルマが英国の植民地になった以後も最後まで英軍に抵抗を続けたが、火縄銃や投石での戦いでは到底抵抗できず英軍に屈した経緯がある。そのためゾーミは英軍をこの地から蹴散らした日本軍に誠心誠意協力した。日本軍はゾーミの地元民には病院を無料で開放してくれた。日本軍敗走以前には強盗も殺人も婦女暴行も一切無かった。食料も地元民に負担をかけることは無かった。但し、スパイ容疑を受けたゾーミは処刑された。ゾーミはそれを恨んでいる。**日本軍が国境を越えインドへ進軍し始めた頃に、例の英国の将軍がスパイ容疑で英国政府によって逮捕され、処刑された。戦況が一変したのはそれから**である。空襲による被害が続出。日本軍は各地で抵抗を試みつつも敗走に次ぐ敗走を重ねることになった。戦況が不利になり、日本軍は食料にも事欠くようになると、ゾーミ住民に鶏や豚や牛などの家畜を要求するようになった。

　僕は目ん玉をひん剥いて驚いた。しかし、ゾーミの民間人が何故そこまでの情報を持っていたのか。ナン爺さんは次のように答えた。

日本側の将軍（ゾーミの別の記録では「大尉」）はいつも二人の通訳を連れていた。ひとりはビルマ族で英語—ビルマ語の通訳。もうひとりはゾーミでビルマ語—ゾーミ語。この通訳官が地元住民に伝えていた。地元住民はそのおかげで空襲の被害にも遭わずにすんでいた。しかし、それは戦局が一変するまでの間で、日本軍が敗走するようになった頃にはゾーミも空襲による人的被害を出すようになった。

外を見ると、嘘のように豪雨が止み、お日様の光が辺り中を照らし始めた。

調査開始の時間である。

旧日本軍の戦車を発見する

テディム街道の道路は他の少数民族勢力地域のそれと比べるとはるかにしっかりとしている。空はいつの間にか晴れ渡っている。バイク隊はシン・ギィアル村の二台が加わり合計で四台となった。僕は熊五郎の背中にくっ付いている。まずは、シン・ギィアル村北方、チカの南方にあるカン・サウ村に行き、そこで地元の古老二人に会って話を聞くことにしている。

山道を順調に下っていくと、先行していたナン爺さんのバイクが止まっていて、爺さんが手招きしている。近づいて行き、爺さんが指差す崖下を見てみると、**旧日本軍の戦車の残骸が二十メートル程の崖下に蹲っている**のが見える。この後もナン爺さんの手引きで他に二台の戦車（胴体部分）や日本軍の秘密の洞窟（隠れ家）を確認していくことになる。英空軍機の空爆を受け破壊された。**搭乗員は全員死亡。遺体は散乱したまま現在に至る。**今、残っているのは砲塔部分のみ。

なんという痛ましい姿だろう。

トゥン爺さん

トゥン爺さん

カン・サウ村に着くと、村長の家に通された。ここで、まずは古老のひとりタウン・ザ・トゥンさん（94）を待つことになった。以下、通称名でトゥン爺さんと呼ぶ。戦時中は二十歳過ぎの青年で、日本軍と一緒に働いていたという貴重な生き証人である。年のせいで耳が頗る遠い。歩行もままならない。熊五郎やシン・ギィアル村の村長が耳元に口を寄せて大声で会話する。以下トゥン爺さんの話である。

「日本兵のご遺骨の埋葬地は、カイ・ティアル・キャンプにあります。あそこには**日本軍の野戦病院**がありました。戦況が悪くなると**毎日のように負傷兵が軍用トラックに乗せられ**て運び込まれていました。英空軍の空爆で道路（テディム街道）が寸断されると、道路工事に借り出されました。空爆の無くなる時間の午後三時から四時頃に軍用トラックが私達を拾いに来て現場まで運び、そのまま翌朝の明け方まで働かされました。やっと直したかと思えば、また空爆でやられました。そのため繰り返し繰り返し道路修理ばかりやらされていました。地上戦になった頃の英軍はイギリス人ではなく「カテー」と呼ばれるインド・マニプールの傭兵でした。日本軍は後退の度に燃料や食料などの貴重品を別の場所に移さねばならなくなり、その時も仕事に借り出されました。日本兵の態度は良かったです。但し、ゾーミの地元民が殴り殺されたのを覚えています。しかし、その理由は分かりません。とても残念な思いをしました。道路修理の仕事賃として日本軍の使っているお金（軍票だろうか）をくれましたが、全く使えませんでした。結局、**タダ働き**でした。最後の頃は日本軍から食料の提供を要求され、鶏や豚や牛の肉を持って行きました。その時も同じように日本軍のお金を代金にと貰いましたが全く使えませんでした。戦争中にはこの村はここには在りませんでした。今この村がある場所は日本軍の基地があったのみです。常時三十名から四十名の日本の兵隊さんたちがいました。このカン・サウ村ができたのは戦後のことです。私たちは山上のムア村に住んでいて、そこで日本軍の兵隊さん二十人（時によって三十人）と一緒に住んでいました。貴重な労働力であり食料提供者である私たちは彼らから一緒に住むことを強制されていました。その**ムア村も英空軍に空爆され影も形も無くなって**しまいました」

この辺まで話したところでトゥン爺さんは疲れきってしまったので、次のプー・ラム・ザ・チン爺さん（84）（以下、チン爺さん）を待つことにした。こんなところで逝かれてしまっては申し訳が立たない。ふと辺りを見回すと、**いつの間にか多くの村人が集まっていて、手に手に鉄兜（ヘルメット）や軍刀、水筒などの日本軍の遺品を持ち寄ってき**ている。ひょうきん者のスアンがヘルメットをかぶり敬礼したが、どうもさまになっていない。

チン爺さん

次なるチン爺さんはなんと田んぼから登場した。まだ現役で働いている元気者の爺さんだ。僕に会うなり、空を指差し大声で「**ヒコーキ！**」と叫び、自分で大笑いしている。日本語を少しだけ覚えているようで「**イチ、ニ、サン！**」と言ってはまた自分で大笑いしている。以下、チン爺さんの話である。

チン爺さん

「戦時中は十代半ば頃だった。その頃はムア村（トゥン爺さんと同じ村である）に日本軍と一緒に住んでいた。離れて生活することを日本軍が許さなかった。一九四四年の七月か八月、ムア村が英軍に空爆され、

村は全焼。村民四名と日本の兵隊さん四名が村で即死した。対面にあった日本軍の陣地（ムア・ザン・キャンプ）には二十名ほどの兵隊さんがいたが、そこも同じ日の空爆で全員死亡した。**遺体は散乱したまま放置**された。その後、地上戦になったため遺体を埋葬するような暇は無かった。それから、日本兵の大きな埋葬地ならカイ・ティアルにある（これもトゥン爺さんの言っている場所と同じだ）。あそこに病院があって、毎日のように兵隊さんが運び込まれていた。兵隊さんが亡くなると病院の裏側に埋葬されていった。ワシが知っているだけでも**百人以上**はいると思う。夜になると日本軍に連れられて行き、日本の兵隊さん達と一緒に空爆で破壊された道路の修理工事をやらされた。服の片袖に日本の腕章を付けていたので、兵隊さん達から可愛がってもらった」

屈託のない笑顔だが、それでも、言いたいことはズバズバと言うタイプ。以下、チン爺さんの話の続きになる。

「空爆で生き残った村民は、別の場所から退却してきた日本軍の兵隊さん達と一緒にバナナの葉っぱで簡易テントをこしらえ、そこで一緒に住んだ。食料が無いからと言うので、ワシは**十五頭もの牛を提供**した。どこのお金だか知らない金を支払ってくれたが**全然使えなかった**。ワシは日本軍と一緒に戦ったのだから、日本はワシに何かしてくれても良いのではないか。ビルマは終戦後に独立した後、政府が村民への補償を検討してくれたがその後音沙汰は無かった。未だに全く何も無い。ところで、日本軍がインドへ向かって行った頃に十二機の日本軍の戦闘機が飛んできて、そのうち二機が墜落した。その日以後、英軍の戦闘機は見ても日本軍の戦闘機はついぞ見たことが無かった」

最後にトゥン爺さんとチン爺さんに丁重にお礼を言った。

「爺さん、これ少ないけど、**その時の肉代**だ。受け取って下さい」

「ワシはな、日本の兵隊さんよりたくさん働いたぞ！ありがとう！」

屈託の無い笑顔を見せたチン爺さんの大声が村中に響き渡った。

旧日本軍の秘密の洞窟

カン・サウ村の川向に当時の日本軍の秘密の洞窟があった。今は私有地になっているため、立ち入りが禁止されているが、その入り口まで行って見ることができた。洞窟の中にはたくさんのコウモリがいて、総延長はかなりのものだそうだ。中を捜索すれば色々な発見があるのだろうが、地主との交渉次第では捜索が可能になるかもしれない。

その洞窟の周囲には、英軍の空爆跡が未だに残されている。

ゴールデン・トライアングル

さっきから熊五郎とスアンの様子がおかしい。尋ねてみると、今回はご遺骨捜索の検証調査であることは重々承知しているが、それとは別にどうしても連れて行きたい人とところがあるのだと言い出した。可愛い奴等ではないか。旅は道連れ世は情けと言うではないか。「僕の旅は君たちにお任せしているのだよ」

バイク隊は僕の一言でチカを一旦南に下り、それから北上することになった。

スアンは結婚して二年目になるが、もうすぐ最初の子供ができる。お嫁さんは同じゾーミなのだが、国籍はインド。今もマニプールに住んでいる。ミャンマー（北チン州）とインド（マニプール州）との間には一応のような入管があるのだが、スアンは今、**顔パスで越境**している。インドの入管で「俺はインディアン・ガールと結婚したんだ」と言い張ると、インドの入管から「それならインド側に住んで嫁さんと一緒に暮らせ」と言い返されたので、「俺の両親はミャンマーで暮らしているんだ。両親の面倒も見なくちゃならない」と、さらに言い張った挙句、顔パスになってしまった。

おそらく、そのスアンの嫁さんにでも会わせてくれるのかと思いながら山道を進んでいくと、目の前に大きな山が見えてきた。頂上は真っ平らな台地になっている。その山の頂上付近でバイクを降り立った僕は我が目を疑い硬直してしまった。

だって、**一面のアヘン。そして大麻畑**だったからだ。

アヘンはすでに収穫期を終えていたが、まだその痕跡があちこちに残っている。代わって大麻の赤子たちが可愛い顔を出している。

「お前ら、まさか！！？」

僕のそういう疑念はすぐに打ち払われた。ここでこれらを育てているのはゾーミではなく、先にも出たインド、マニプールの「**カテー**」である。かつて英軍の傭兵部隊として日本軍を散々に痛めつけたカテーである。彼らはインドの反政府武装勢力の一派。ミャンマーの、ではないところが味噌だ。その彼らは**ミャンマーに蛮居し、ここでせっせと麻薬栽培**をしているのだ。ここまでの道中で日本軍の戦車が出てくるわ、インドの反政府武装勢力が出てくるわ、アヘンに大麻が出てくるわで僕の頭は混乱の境地に陥ってしまう。

「このアヘン（の種）は、どこから来たの？」と聞くと、なんと「**ワ軍**」という返事。僕の頭はさらに混乱を極める。あの**シャン州の中国国境付近に蛮居しているワ州連合軍***のことである。こんなところで「ワ」が登場してくるとは**推理小説以上の展開**ではないか。「で、これ、どこに出荷しているんだ？」と聞くと、なんと「ゴールデン・トライアングル経由のタイ行きだ」という返事。僕の頭は混乱どころではなくなってしまった。こんなところでも作っていたのか。

僕はできれば今すぐアルツハイマーになりたい

カテーというインドの反政府武装勢力は、ミャンマーでワ軍の支援を受けて麻薬栽培をしてい

＊ワ州連合軍…かつて首刈りの風習をもっていた少数民族「ワ族」の武装組織。中国の影響下にある。

る。それだけではなかった。なんと、ワ軍はカテーに武器支援も行っている。ワ軍の背後には微妙な問題があるものの**中国の人民解放軍が控えている**のは周知の事実だ。一方、カテーは、インド国内での完全独立自治を主張する過激派グループである。その主張は、なるほど考えてみれば、ワ州連合軍の主張と面白いほどに一致しているではないか。さらに背筋が凍てついたのは、その事実を黙認しているこの国ではないか。呆然とする僕に熊五郎が言葉を切り出した。

「君には事実を知って欲しいんだ」

バイクに戻り、熊五郎の背中に戻った時には、僕はできれば今すぐにアルツハイマーに罹りたかった。

バイク隊はまた山道を進んだ。促されるままにバイクを降りて歩き始めると、スアンがしてやったりの顔をして言ってくる。「**井本さん、ここはもうインドです**」

「**はあ!? 天竺(てんじく)*?**」

西遊記、完結!?

なんということだ。僕はこれまで、入念且つ慎重に**台湾から中国、ベトナム、ラオス、カンボジア、タイ、そしてミャンマーとあちこち渡り歩き、いつの日か改めてインドへ**という夢を抱き

*天竺…インドの旧名。かつて日本では、「天竺・唐土（中国）・本朝（日本）」の３国で全世界とみなしていた。

続けてきた。インドには数年前まで毎年のように通っていたのだが、ミャンマーに飛び込んでから、改めて僕流の「西遊記*」を楽しんできた。だから、インドへの再入境にはもっと劇的で生涯の記念になるようなものであることを願ってきた。それが、このあまりにもあっけなくそっけない天竺入りになってしまった。これでは**悲劇を越した喜劇**ではないか。

「はあ!? ここ、天竺?」

なんというシュールな展開だろう。

「ちょっとさあ、もう、止めてよね。僕、**ソフト路線で行ってる最中**なんだからさあ…。」

とまれ、来ちゃったものはもはや仕方が無い。だって、国境線は無いのだし、そこを一歩踏み戻れば、ミャンマーなのだから。

そして、その言葉を吐いた後に僕はもう一度、目の前の**信じられない光景**に硬直することになる。

ゾーミ革命軍

どうして、**こんなところに多くの兵隊**がいるのか。ここまでの道中を整理しておく。日本軍の戦車が出てくるわ、インドの反政府武装勢力「カテー」が出てくるわ、アヘンに大麻が出てくるわ、天竺国に来てしまうわと、遊園地のジェットコースター以上の興奮を覚えていたところに、続け

＊西遊記…経典を持ち帰るため唐から天竺へ旅する玄奘三蔵法師と、そのお供である孫悟空らの物語。天竺に着くとお釈迦様が現れて一行に経典を授ける。

ざまに**インド側でゾーミの軍隊に遭遇**してしまうことになってしまった。その数、二千名超。

その名もなんと「**ゾーミ革命軍**」である。今どき「革命」である。ビルマの反政府少数民族勢力各派にも流石に「革命」を銘打っている軍隊はひとつも存在していない。なんという時代錯誤な名称。生きた博物館ではないか。一体どこでどんな「革命」を行おうというのか。

インドに蛮居しミャンマーの革命を狙っているのではない。否、厳密に言うと**ミャンマーの一部も含まれる革命**（？）**を目指している**と言った方が正確だろう。革命軍の総司令官に会って話を聞いて見たが、僕は、そんなことは今更不可能だと言い張った。

ここでゾーミについてもう一度整理しておく。ゾーミはミャンマーの北チン州や隣のザガイン管区を中心にミャンマーでは約三十五万人が住んでいる。少数民族の中でも指折りの少数派だ。しかし、ゾーミが住んでいるのはミャンマーだけではない。インドのマニプール州やミゾラム州にはさらに多くのゾーミが住んでいる。ミゾラム州の「ミゾ」とは「ゾーミ」、「ラム」は「土地」、したがってミゾラム州とは「ゾーミ（ミゾ）の土地」という意味なのだ。そしてさらにバングラデシュのチッタゴン丘陵地帯にも少数ながらゾーミが暮らしている。つまり、**ゾーミはミャンマー、インド、バングラデシュの三カ国に跨って生活**しているのだ。そして、そうなってしまったのは先の大戦後に引かれた国境線に理由がある。ゾーミはこの理由でも**旧宗主国である英国を恨んで**いる。この「革命軍」は、なんと、三カ国に跨る**ゾーミをひとつにまとめる完全自治**を目指しているのだった。民族自決というその気持ちは分かるのだが、そんなのは夢のまた夢。言い換えれば妄想に近い。第一、それが成ったと仮定して、帰属先はどこになるのか。ミャンマーだった場合、インドとバングラデシュが認めるはずがない。インドの場合、ミャンマーとバングラデシュが認めるはずがない。それとも独立国を作り上げようとでも言うのか。第三次世界大戦でも起こらない限り、そんなことは到底不可能だ。

その後の総司令官の話を聞いて、僕は大きくうなずいた。

国境と緩衝地帯（バッファー・ゾーン）

彼らが目指しているのは、独立でも特定の一国への帰属でも無かった。**ゾーミが三カ国を自由に行き来し、共存できる特例状態**を考えていた。それなら考えられないことはないだろう。しかし、そのような動きが本格化したら、三カ国はそれぞれに危機感を募らせて封じ込めに入るのではないか。第一「革命軍」なる武装組織を持っている以上、敏感にならざるを得ない。

総司令官は話を進める。**武力は抑止力であり、対話カードであること**。それは合点が行く。現に昨今進められてきたミャンマー政府と反政府少数民族勢力との停戦・和平交渉でも、ミャンマー政府が相手にしているのは武装勢力であり、武力を持たない勢力は相手にもされていない。それが現実なのだ。ちなみにこのゾーミ革命軍はインド領にいるのみであり、ミャンマー領には一切入っていない。僕は思い切って聞いてみた。「武器はどこから手に入れているんですか」

総司令官の答えにまた仰天する。なんと**インド軍から支給されている**と言うではないか。それどころではない。ゾーミ革命軍の兵士には一人当たり四千ルピーの月給まで支給されていると言うではないか。さらに、インド軍（主にゾーミだが）の演習や軍事訓練をここで行っているとまで言うではないか。

総司令官は続ける。我々こそ国境の緩衝地帯そのものであり、**ミャンマーがカテーを使って緩衝地帯を作っているのと同様にインドは我々を緩衝材にして、両国の国境の安定を図っている**のだと。カテーの武装勢力が増長しインド国内でテロ活動を行うとインド軍が徹底的に叩く。膨張は許されない。この絶妙のバランスの中で、国境というものが成り立っている。ゾーミ革命軍は、この絶妙のバランスの中で巧妙に「**ゆるやかな自治領**」を三カ国を跨いで作ろうと言うのである。

気を取り直して、次の視察地へと向かう。バイク隊は来た道を戻り、カン・サウ村を通過してシン・ギィアル村へ向かう山道を登り始めた。例によって先行しているナン爺さんのバイクが止まっていて、爺さんが崖下を指差している。

今度は旧日本軍の戦車の胴体部分を発見した。英空軍の空爆を受け、搭乗員は全員死亡。遺体はそのままこの戦車の周囲に打ち捨てられたままだと言う。

ムア・ザン・キャンプ

トゥン爺さんやチン爺さんが戦時中に住んでいたムア村（ムア・ザン）である。この村で日本軍が村人と同居していた。ナン爺さんがテディム街道から指差し「この丘を越えたところに村があった」と言う。爺さんたちの話に出ていた空爆で無くなった村だ。僕らはそこから少し先へ進んだところにバイクを停め、そこから回り込むようにして徒歩で登って行った。ムア村のあった場所はV字谷になっており、北片側の斜面にムア村があり、南片側の斜面の一部平面になっている箇所に日本軍の小さな駐屯地があったと言う。南側斜面には古いお墓があり、当時ここに村があったことを物語っている。空爆時、北側斜面のムア村で四名の村民と四名の日本軍兵士が即死した。南側の日本軍駐屯地も空爆を受け、当時二十名以上いた日本軍兵士が同じく即死し、死体は散乱したままだったそうだ。駐屯地のあった事故現場に立ち、手を合わせた。

捜索隊のひとりが何かを持ってきた。戦時中に使われたものの部品の一部だろう。使い物にならないような**戦争の残骸は、このように今でもあちこちにそのまま放置**されている。

その後、さらに日本軍撤退後に日本軍トラックが集められた場所を見に行ったが、誰かが持って行ったらしく、今は一台も残っていない。数台がつい先日まで残っていたそうなのだが、それも無くなってしまっていた。誰が持っていったのだろう。

やがて夕闇が迫ってきた。急に温度が下がっているのが分かる。もう一箇所、戦車の残骸がある場所を回りたかったが、それは明日にしよう。

ということで、シン・ギィアル村に帰った時にはもうすっかり夜になっていた。熊五郎の奥さんや、ナン爺さんの家の若嫁や村一番の器量良しのチン・ヌーが出迎えてくれ「お疲れになったでしょう。さあゆっくり休んで下さい」と優しく声をかけてくれる。

と、まるで僕らの帰りを待っていたかのように大粒の雨が降り出した。

ゾー・カン・クワル誕生

ナン爺さんの家で風呂を済ませ、美味しい豚肉ご飯の夕食を頂いた後、熊五郎や村長のジン・カン・マンやスアンやこの家の若旦那が僕の寝室にやって来る。僕の部屋はそのまま最終日まで男たちの溜まり部屋兼飲み部屋になってしまった。熊五郎が飯の味はどうだったと切り出してきたので、ゾーミ語で「とても美味かったよ（リムママエー）」と答えると、お前の為に歓迎として今日は**特別に大きな豚を一頭始末して、村全体で豚ご飯を食べている**のだと言う。そんなふうに言われると、僕には罪悪感しか芽生えないが、そう言えば、今朝方早くに**猛烈な豚の悲鳴**を聞いた。あれを食べちゃったのか…。

ふと机の隅に目をやると、真新しい赤ラベルのジョニー・ウォカー・ウイスキーが置いてある。

僕を喜ばせるためにテディムの町でこっそり買ってきたのだそうで、「これも歓迎のしるしか?」と聞くと、「いや、その領収書は瓶の底に置いてある」と熊五郎。なんだ、これは僕が払うのか・・・。

今度は村長のジン・カウ・マンが「**お前は、この村の村民として遇することになった**」と、誰も頼んでいないような一方的なことを言い出す。歓迎はありがたいが、別にここの村民にならなくてもいいし、どちらかと言うと、なりたくなんてない。村長はさらに「お前に土地をやる。ここに家を建てて俺達と一緒に暮らそう」と、続けざまに誰も頼んでいないようなことを言い出す。「**井本・ゾーミ移住計画**」である。気持ちは有り難いがハッキリ言ってありがた迷惑な話である。僕はここにご遺骨を連れ戻すためにやって来たのであって、僕がここに住むためにやって来たわけではない。

さっきから思っていたのだが、どうやら何か事前に打ち合わせをしていたようで、どうもみんなの素振りがぎこちないのだ。彼らはなんと、僕に内緒で「井本・ゾーミ移住計画」なるプロジェクトを密かに進行させていたのである。と、熊五郎が打ち明けるように言ってきた。

「**お前にゾーミ族の名前を授与することになった**」

一方的ではあるが、それは良い話ではないか。それればかりは有り難く頂戴しようではないか。で、早速名前を尋ねると、

「**ゾー・カン・クワル**」と返ってきた。

その名前の意味は「ゾーミの未来を開く（ゾーの）兄弟」なのだそうだ。なんという有り難い高貴で建設的な名前であろうか。僕がパウル・パゥに見てくれだけで適当に付けた「熊五郎」と比べると、申し訳ないくらいではないか。

熊五郎は「俺の日本名の熊五郎の意味も教えてくれ」と聞いてきたので、窮したあまり「熊のようにタフな男だ」と言うと、嬉しそうに頷いたので、余計に申し訳なくなってしまった。

カイ、恋をする

僕の新しいゾーミの名前は、明くる朝にはもう村中に広まっていた。翌朝一番で家事手伝いにやってきた村一番の器量良しチン・ヌー（以下、「ヌー」）が扉から顔を出し、

「**クワルおじさん**（プークワル）**、ご機嫌いかが？**（ダンモー）」と声をかけてきた。「プー」とは、クマのプーさんではない。ビルマ族で言う「ウー」と同様、年配の男性に使われる敬称になる。

この日以後、僕はこの村で「井本」と呼ばれることは無くなってしまい、「プー・クワル」と呼ばれるようになってしまった。

ところで、このヌーちゃんは、**村一番の器量良し**である上にその性格が素晴らしい。常に笑顔を絶やさない。人当たりが良いのだ。おまけに不服のひとつも口にしない働き者なのだ。村の行事の際には、この娘が中心になって切り盛りしている。今回の僕の歓迎会も毎日の食事や洗濯も

全部この娘が当たり前のようにやってくれた。現在二十三歳なのでプー・クワルの子供の年頃であるが、カレー大学で科学を専攻する学生をやりながら、（人材不足のようで）村の小学校の先生も兼務している。政府から支給されているその月給が十万チャット（日本円に換算すると、一万円ほど）ということで、身内ばかりの村にあっては村一番の稼ぎ頭でもある。

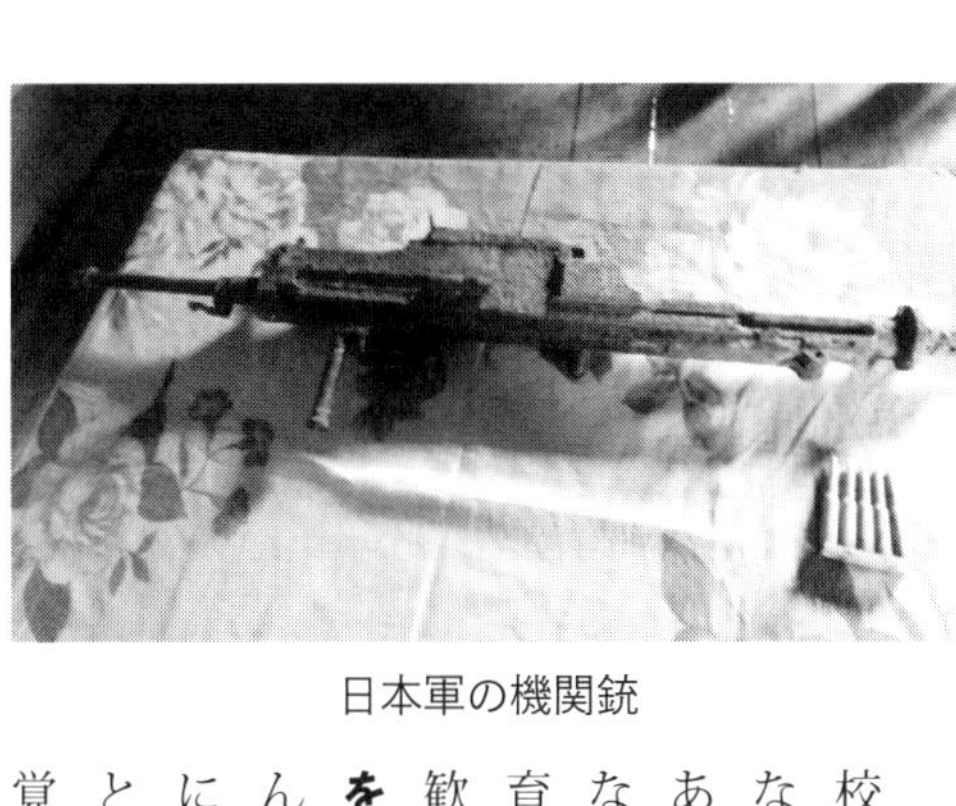

日本軍の機関銃

　さぞかし両親の教育の賜物である。ヌーのお父さんも別の村で校長先生をしている先生一家。さすがに校長先生の給料の方が上なので、したがって、ヌーは村二番目の稼ぎ頭と言うのが正確である。お父さんは四十三歳だとかで僕よりもうんと若いのだが、なんと双子二組（そのうちの一人は他界）を含む合計九人の子供を育てている。この奥さんが、包容力のある女性でまた良い。僕の歓迎会の時に**僕の口に無理矢理ゾー・ズーの入ったペットボトルを突っ込み、有無を言わせぬ一気飲みをやらせた**のがこのお母さんだ。今は、夏休み期間中なのでヌーもヌーのお父さんもこの村にいるのだが、僕は夜間のこの寒さの中で「今は夏休みだから」と至極真面目に言いあっている彼（女）らに可笑しみの方を先に覚えてしまった。

そんな村一番の器量良しのヌーに、**うちの捜索隊のカイが恋をした**。

それが半端ではなかった。シン・ギィアル村に来てからというもの、カイの心は仕事にあらずで、さっきも「プー・クワル隊長、彼女のハートは七十五パーセントはゲットしました。」とか、仕事に全く関係のないことを報告してきたほどだ。

「明日の予定はどうなっている？」と、僕が聞くと、

「**はい。明日からは、両親の説得に当たります**」。

安息日

さて翌日。今日はまず、昨日時間切れで見ることができなかったもう一箇所の戦車の残骸があるところを確認しておこうと思ったら、なんと今日は**日曜日だから仕事はしてはいけない**と言われてしまった。そうだった、彼らはキリスト教徒なのだ。村人は今日は全員が教会へお参りに行くのだと言う。

外はとても遠出はできないような大雨。思わぬ安息日[*]の到来に暇を持て余しそうになったところへヌーのお父さんがニコニコしながらやってきて「昨日、**鹿を一頭仕留めた**から、今晩の夕食はうちに招待したい」と言ってきた。ヌーのお父さんは村でも有名な腕利きのハンターである。そういう申し出は断ってはならないだろう。「そうですか、それじゃお言葉に甘えて夕食の時間

＊安息日…ユダヤ教やキリスト教の習慣で、この日はすべての労働を停止し、神への礼拝のために集う。キリスト教では日曜日を安息日とする。

に捜索隊のみんなでお伺いします」と返事をした。この夕食会の話しに僕よりも喜んでいたのは隣にいてニコニコと笑っているカイであった。

今度はその息子がやってきて「プー・クワル。こんなのがあったよ」と言って見せてくれたのは**日本軍が使っていた銃弾**である。ちなみにこの息子、齢十二にして、すでに五頭もの鹿を火縄銃で仕留めたという村の一番の期待のハンターである。「どこで拾ってきたんだ」と聞くと、「それなら、ここら辺に幾らでもあるよ」と言う。興奮している僕に触発されたのか気を使ってくれたのか、教会へ行く前の村人達が続々と手に手に日本軍の遺品を持参して見せにきてくれたので、ナン爺さんの家は**即興の日本軍博物館**になってしまった。水筒や鉄兜はもはや見慣れてしまったが、**錆び付いた機関銃**が登場したのには驚いた。

キリスト教の司祭である熊五郎は、教会での説法の準備に余念がない。そんな熊五郎に「すまんが僕は時間が押している。これから先、カレニー（カヤー）州のご遺骨検証調査にも行かなければならないし、ヤンゴンで行われる少数民族勢力とミャンマー政府との全土停戦会議も控えている。安息日であるのは重々承知しているが、時間が足りないんだ。昨日回れなかった戦車の残骸のある場所だけでも連れて行ってくれないかと頼み込んだ。

熊五郎は、ちょっと天井を見て「分かった。後で、捜索隊を出そう。**日本人には休みが無いんだな**」とはにかんだ。安息日のキリスト教徒に強制労働をさせてしまったプー・クワル。大変申し訳ない次第であった。

ジン・カウ・マン村長との議論

大雨が続く。教会の日曜礼拝行事が済んだ午後。スワンはまだ戻って来ない。無事にいるのだろうかと心配しているところに村長のジン・カウ・マン（以下、「プー・マン」）がナン家にやってきて「プー・クワルと議論がしたい」と言う。ナン家の暖炉で暖を取りながら、しばしの対談。このプー・マン村長は僕と同じ歳である。

話しは、この村の歴史に始まり、村の将来のことへと延々と続いた。日本軍の戦闘中にこの村は二度も焼失するという憂き目にあったこと。そのため、四十軒あった村人の大半は戦火を逃れてカレー付近に移住してしまい、現在は七軒（五十五名）しか残っていないこと。このことは既に触れた。カレー付近に移住した村民達は、そこで新たな村を作った。今、**カレーのそばにシン・ギィアル村というこの村と同名の村があるが、それが移住先となった村**である。ここに留まった村人は、家を失ってからは日本軍と行動を共にし、一緒にバナナの葉で作った簡易テントで暮らし、日本の兵隊さんたちに食糧を調達してきた。その苦労は、この地に来て見れば容易に想像がつく。僕は、この地に立って分かった。昼間は三十五度を越える酷暑、夜間は五度を切るような冷え込み、そして雨季の大雨。日本軍の本当の敵はこの過酷な熱帯モンスーン気候であったはずだと。

僕はゾーミの人々にひとつの約束をしていた。それは、僕が今カレン州で開いている農学校の研修生としてゾーミから二名を招聘し研修させるということ。山奥の僻地に住むゾーミは、一切の開発から隔離されている。否、文明から隔離されていると言っても過言ではない。もっと言えば、**文明の方が近づくことを拒否しているような山深い奥地**だ。採れるものと言ったら限られているし、チカ付近にケロシンのガス田がある以外は、産業となるようなものはほとんど見当たらない。川は流れているが、インド側で獲り尽されているのだろう、魚もほとんど獲れない。獲れるのは沢に息づく稚魚サイズの川魚くらいのものだ。しかし、ここには山々を背景とした大自然がある。山間地でしかできない農業や林業というものがあるではないか。沢の水は冷たく、そのまま生で飲めるほどに綺麗である。さらに、ここはインド国境に近く、何十年先のことになるかは知らないが、いずれ将来には**国境間の交易ルートとして活用**される可能性を持っている。

戦車のキャタピラ

まずは、この山間地でできる農林業を育成するべきだ。僕は**日本人と深い縁を結んだ彼**

らに少しずつでもご恩返しがしたい。カレンの農学校では、豊かで循環的な自給自足のための有機農業のやり方や否応なしの貨幣経済の中でそれを守り抜くための換金作物の奨励を行っている。この大自然を維持しながら、紙作り工房などの小規模産業の育成やわさびやゴマや綿花や産業用ヘンプなどの新たな農産物の生産育成も行っている。一気筒エンジンのメンテ・修理技術や、ソーラー・パワー、水撃ポンプ、小規模水力発電機の作成、メンテ、修理といった適正技術の普及も行っている。ここに彼らを招聘し新たな産業育成に貢献する人材を育てようではないか。

この六月には南シャン州、カレニー（カヤー）州、モン州の各地に同時に三校の農学校が開校し合計で四校になる。農場もこの他にミッチーナ（カチン州）、ラショー（北シャン州）と拡大してきたが、これらの地はいずれも**かつて日本軍が拠点を置いてきた場所に符合**している。これぞ地政学（時代は変わっても、地理は変わらない）の妙味と言えば妙味であるが、僕はこれは日本から彼らへのご恩返しであり、**追善の供養**であると考えている。そして、今、インパールへと続く北チン州のゾーミ族の地まで辿り着いたのだ。

ヌー家の晩餐会

ヌー家からナン家に夕食の準備ができたと使いがきた。**鹿肉の晩餐会**である。僕は熊五郎とスワン、カイの四人で一緒に傘をさしてプラプラと薄暗くなった村道（テディム街道）を歩いてヌー家に向かう。ヌー家の玄関先に立つと、妙な踏み台がある。「何じゃ、これ?」「それは**日本軍の戦車のキャタピラ**だよ」なんと、日本軍の遺品の数々は今、彼らの生活のあちこちに生活用具として第二の人生を歩んでるでいるのだ。ヌー家に入ると、**洗濯場の洗濯板として戦車の鉄板部分が活用されているし、炊事場では鉄製の箱が水屋代わりに**使われている。

さて、夕食前の食前酒。待ってましたとばかりにまず出されてきたゾー・ズー（ゾーの酒）。暖炉を囲んで談笑しながらこれを竹ストローですする。ドライ鹿肉がおつまみに出される。暖炉の上に天井からぶら下がっているのは「**鹿の肝**」だとかで、これが健康に良いのだと言う。病院も薬も無いこの村では、これが最良の医薬品（強壮薬）なのだそうだ。

辺りを見回すとカイがせっせとヌー家の子供たちのベビー・シッターをやっている。両親の説得より先にまだ幼い弟や妹達を手懐けようという作戦に出ているようだ。ヌーはお母さんと一緒に甲斐甲斐しく晩御飯の仕度をしている。

やがてご飯の仕度ができたようで、テレビが座っている上座へと誘導されると、料理が続々と並べられる中、ヌーのお父さんが僕ら

ゾー・ズー（竹ストロー）

にビデオを見せ始めた。**テレビはあるが、電波は無い**ので、もっぱらＤＶＤの観賞用に使われている。もちろん、**電源は車のバッテリー**である。そこで見せてくれたのは、なんと自家製のＤＶＤで、**お父さんと十二歳の息子の二人が鹿をハンティングしている映像**。見事に仕留めた鹿のそばで「**鹿を仕留めたぞ——！**」と、自然界に向かって雄叫びをあげる二人。火縄銃の礼砲を撃つ二人。イノシシを仕留めたシーンでも雄叫びが上がっている。この村は主に山で採れる山菜や鹿やイノシシを食べて生活している。今時珍しい狩猟採集生活である。もちろん、焼畑で陸稲を作っていたり家で鶏も飼っているので完全なる狩猟採集ではないが、ほとんどそれに近い。

ところで、さっきからヌーのお父さんの様子がおかしいと思っていた。暖炉脇に座っている時には分からなかったが、立ち座りする時に苦痛の表情を浮かべている。聞くと「今日、木登りをしていて木から落ちてわき腹を打った」のだと言う。なんということだ。木から落ちるのは猿だけでいい。ここには病院も無ければ医者もいないのだから。それにしても、病院に行って診て貰った方が良さそうな痛がりかたなので、一番近い病院はどこかと訪ねるとテディムかカレーにしかないと言う。あとは国境を越えてインドのマニプールにあるそうだが、とても今から行くことはできない。そこで、一旦ナン家に走り帰り、僕が持参してきていた**日本製の痛み止めの薬**を箱ごと渡して、食後に飲むようにすすめた。普段から薬を飲んでいないからであろう。その痛み止めが素晴らしい効き目を示してくれた。

感激の村民集会

短いながらも濃密な経験をさせて頂いたシン・ギィアル村ともお別れの時が近づいてきた。今晩はこれからナン家で「村民集会」を開くのだそうだ。それは僕への送別会の意味も添えられていた。

村民集会には、シン・ギィアル村だけでなく、トゥン爺さんやチン爺さんの住むカン・サウ村の代表も泊りがけで来ていた。わき腹を痛めているヌーのお父さんもやってきた。やがて子供から大人まで村人全員が集まってきた。調査中にサンダルが壊れ片足裸足で案内人役を努めてくれたこの家の主、ナン爺さんは心持ち寂しそうな顔をしている。ナン爺さんの息子夫婦も一歳半になる子供を抱いて仲良く座っている。ヌーと一緒になって僕の世話をしてくれたナン爺さんの娘、ルンは目が会うとニッコリ笑ってくれる。ルンはいわゆる「小人」で、生まれたときから障害があり、それがナン爺さんの悩みでもあるのだが、世話好きで優しい性格の素敵な女性だ。テディム街道を行き交う人で彼女のことを知らない人はいない。みんなナン家に寄ってはルンに「元気か？」と挨拶していくのが恒例となっている。

全員が揃ったところで、まずはプー・クワルから挨拶をということで、みなさんへ心から感謝の気持ちを伝えた。拍手をもらった後、最後に僕が「**来年は戦後七十年になりますが、今でも日**

本のご遺族はここで無くなった日本人の帰りを待っています」と伝えると、ヌーのお父さんがわき腹を手で押えながら立ち上がり、「なあ、みんな！」と村人達に語りかけた。

「うちの村にもカレン州の内戦に巻き込まれて亡くなった者がいるが、骨も何も還ってこなかったのを覚えているか。あの時は、唯一見つかった服の破片を大事に持ち帰り、今この村の墓に眠っている。日本のご遺族の気持ちも同じだと思うが」

今度はプー・マン村長が立って話し始める。

「全く同感だ。どうだろう、みんな。**この村やここの周辺には日本軍が残していったモノが沢山残されている。ゾーミのハートを示そうじゃないか。今この村にある遺品だけじゃなく、もう一度この辺をみんなの手で捜索し、あちこちに眠ったままになっている遺品も集めて、そっくり日本に還そうじゃないか**」

賛成！賛成！という声が続々と続く。なんということだ。なんという有り難い話しだ。流石に戦車は持って帰れないし、銃や剣は銃刀法の問題で日本に持って行くには敷居が高すぎるが、有り難い話しではないか。それだけではなかった。隣家の未亡人、チン・ゴ婆ちゃんが立ち上がり、

「数年前、新しい畑を耕した時に人骨が出てきたのを覚えている。あれは日本兵のものに違いない。あたしは、明日にでもその場所へ行って確かめてくる」カレン州の内戦で亡くなったゾーミこそ、このチン・ゴ婆ちゃんの旦那であった。その言葉に続いてまたヌーのお父さんが、

「俺も、狩りで山に入った時、日本兵の個人墓を見つけたことがある。興味がわいたので掘り返してみたら、軍服と遺骨が出てきた。ビックリして埋め戻してきたことがある。あの場所がどこだったか今すぐには答えられないが、あれももう一度見つけ出してやる」

「カウ・サン村も右に同じだ。村中総出で探し出してやるからな」と有り難い声が続く。

実はこの辺一帯には野戦病院の埋葬地や英軍の空爆箇所以外に日本兵の無数の個人墓が埋もれてしまっているのだ。退却中に兵士が亡くなると、戦友が土を掘って穴に埋け、そこに木の枝を差し、枝先に亡くなった兵士のヘルメットを掲げたと言う。もちろん、時の経過と共に、ヘルメットは誰かに持ち去られ、枝は腐食し、やがてどこに埋葬されているのか全く分からなくなってしまっている。**村人達は、遺品の収集だけでなく、そうした個人墓の発見に村中総出で協力してくれる**と言うのだ。

「プー・クワル、**これがゾーミの心だ**」と、熊五郎。

一所懸命堪えていたのに、熊五郎の言葉を聞いたとたん、僕は不覚にもその場で大泣きしてしまった。

さよなら、シン・ギィアル村

翌朝、チン・ゴ婆ちゃんの歌声に目が覚めた。道端で孫を背負って「プー・クワルが行っちゃうよ。プー・クワルが行ちゃうよ」と歌を歌っている。**シン・ギィアル村を拠点とした北チン州北部地域のご遺骨検証調査は成功裏に終わった。**続いて村人総出で個人墓や残された遺品の収集が行われることになった。今日は朝飯を済まし、用意した車でトン・ザンからテディムを経由し、間に合えばそのままカレーを目指す。その帰路に、北チン州北部地域一帯で最大規模の日本軍基地があったトゥイ・キアン村（当時の名称「サカーン」）を訪れ、同最大規模の野戦病院跡と埋葬地を検証調査することになっている。

熊五郎の奥さんと一緒にルンが部屋にきて「ゾーミの帽子をプレゼントしたい」と言ってきた。帽子には道中安全のお祈りが込められているのだと言う。「ありがとう。今日はずっとこの帽子をかぶって行くよ」と返すと、ルンは半分恥ずかしそうな顔をして喜んでくれた。

カイの恋愛の行方はと言うと、結局、両親の説得とまではいかなかったようで、このまま僕と一緒にカレーへ行くのが可哀想なくらいだ。「カイ、お前、ここに残って村の捜索を手伝っててもいいぞ」と言うと、そこは男の意地なのか「**いえ、プー・クワルと一緒に行きます**」と、ヌーの前で言う。わざわざヌーの前で言うところが粋ではないか。

「よし、じゃあ二人の記念写真を撮っておこう。もしだ、もし、二人が結ばれる時は、プー・クワルを呼べよ。俺がお祝いしてやるからな。はい、チーズ！」

車の出発準備が整うと、村人が沢山集まってきて握手を求めてきた。「プー・クワル、約束だよ。

絶対にすぐ戻ってきてね」とナン家の若奥さん。「プー・クワル、あなたに食事を接待したかったんだけど、うちは貧乏でそれもできなかった。本当に申し訳ない。次来た時はあたしの家でご馳走するからね」とチン・ゴ婆ちゃん。

車の中は熊五郎夫婦とスワンとカイでギュウギュウ詰めになった。動き出した車を子供達が追いかけ、やがて立ち止まって手を振り出した。

シン・ギィアル村の入り口まで来ると、後ろからヌーのお父さんとお母さんが追いかけてくる。「私たちに挨拶もしないで行くなんて許さないよ」と、お母さん。「**プー・クワルのくれた薬が効いたよ。見てみろ、今日はもうこんなに元気だ**」と、おどけるお父さん。

ありがとう、シン・ギィアル村。本当にお世話になりました。

トゥイ・キアン村

車は山道を下り、一時間ほど走ると**トゥイ・キアン村**に到着した。この村は、当時の名称である「**サカーン**」の方が（当時を知る日本人には）親しみがあるかもしれない。村長宅に車を停めると家の中も外も村人で一杯になっていた。中に通され椅子に座ったとたんに出されてきたのは「ゾー・ズー」

である。朝からゾー・ズーである。この後、調査で山道を歩くので、流石に飲むのを控えていたら、村長が「飲め！」と勧めてくる。歓迎のしるしなのだから、仕方がない。

ゾー・ズーをすすりながら、プー・ハン村長の挨拶を聞く。まだ若い、溌剌とした村長さんである。

「ようこそ、トゥイ・キアン村へ。この村は現在四十五軒、合計で三百三十三人の村民がいます。ご覧のようにとても貧しい村です。**一九九八年に当時の軍事政権幹部の随行で七名の日本人がここを訪れました。そのうちのひとりは日本の帰還兵**でした。ですので、プー・クワルは戦後ではこの村に入った二番目の日本人訪問者になります。その時は、軍事政権がご遺骨の調査を拒否しておりましたので、七名の日本人はここでお参りをされただけで帰られました。それから、戦争当時のことですが、この村には大きな日本軍の基地がありましたので、猛烈な英軍の空爆を受けました。空襲で亡くなった村民も沢山います。逃げ出した先で亡くなったのでしょう、未だに行方不明の村民もいます」

実にテキパキとした話しぶりだった。こちらもひととおり無難な挨拶を済ますと、早速、野戦病院跡地へ案内されることになった。すでに三十度を越える暑さの中、外に出ると、足がふらついている。ゾー・ズーの酔いが回っているではないか。おまけにこのところの疲れが溜まっていることもあって、酔いの回りが加速度的に速い。早速噴出す汗。村の家々には日本軍の軍用トラックの部品や戦車の部品などが生活道具に役立てられている。**綺麗な沢を渡る橋も日本軍が残していった鉄骨が使われている。**

山道を少し登ると、蝉時雨の中に広めのU字谷が開けてきた。当地最大の日本軍野戦病院の跡地である。そこに立つと突然のインスピレーションのように、何故だか分からないが「天神さま」の歌が頭に木霊（こだま）した。

〝通りゃんせ、通りゃんせ。ここはどこの細道じゃ。天神さまの細道じゃ。ちょっと通してくだしゃんせ。御用の無いもの通しゃせぬ…〟

今でも不思議で仕様がないのだが、あれは、何だったのだろう…。今でも、兵隊さんの霊が歌いかけてくれたとしか考えられない。

サカーン野戦病院跡地にて

ここが「**サカーン野戦病院**」**跡地**である。地元民はここを「**サカーン・ガム**」と呼んでいる。ガムとはゾーミ語で「場所」という意味である。森閑とした病院跡の脇には山から流れる小さな沢があり、その沢伝いに日本兵のお墓が並んでいるのが分かる。用意されていた埋葬地も遺体でいっぱいになったため、最後にはこの病院傍の沢沿いに埋葬されていったとのことである。

今回、検証調査として僕がやってくることになったのを知った村人が、本当にご遺骨があるのかどうか確かめておこうと、沢沿い一箇所の墓が村人によって掘り返されていた。日本の厚生労働省からは「ご遺骨が確実にある場所を確定するだけで、掘り出したり移動させたりしてはならない」と指導を受けているのだが、このゾーミの地は調査隊としては新参組ということもあり指導の徹底が十分ではなかった。掘り返した墓は、これを入れてあと二箇所だったが、今後は手をつけないようにと指導した。

しかし、そのお陰で僕は、日本兵のご遺骨を目の当たりにすることになった。この地まで来て、ご遺骨の欠片も見ないままに帰途に着くのは心情的にはアウトではないか。元々僕は坊さんなのだし、欠片だけにでも逢って手を合わせておきたいではないか。

日本兵のご遺骨に遭遇する。蝉時雨と沢の音が響くその場所で僕は静かに手を合わせた。

巨大埋葬地に立つ

「この沢沿いのお墓だけじゃないぞ。**今から行くところが本当の埋葬地**だ」

連れ立って歩いていくと目の前に延々と続く埋葬地が広がっているではないか。すでに密林化していて全体を見回すことはできないが、足元から続くお墓はこの山懐を何百メートルも先まで続いている。山の麓に水田が広がっているのが見えるが、この**山の斜面全体が埋葬地**なのだ。およそ**縦横五メートル等間隔ごとに点々と続く巨大埋葬地**に立って、僕は言葉を失った。「こんなにあるか…」

スワンに声をかけれらるまで、しばらくの間僕は茫然自失していた。一箇所の墓に複数名のご遺骨が埋葬されていることは、村人が事前に掘り返した二箇所ばかりの発掘によって明らかであった。埋葬箇所が足りなくなり、病院近くの沢沿いにも埋葬されていったのだそうだ。村人が伝え聞く話では、この地だけで優に**一千柱のご遺骨**が眠っているそうだ。ここは、日本軍専用の埋葬地なので、村人の遺骨は混じっていない。

僕は掘り出されたご遺骨に額づいて手を合わせた。「ご英霊の皆様、遅ればせながら只今お迎えにあがりました。長い間お待たせして、誠に申し訳ありませんでした。今の日本が果たして良い国になったのか、悪い国になったのかは分かりませんが、それでも神々しいほどに美しい山河や海辺の景色は昔のままです。これから**祖国・日本に帰りましょう**」

日本軍巨大埋葬地にて複数のご遺骨に遭遇する。

トゥイ・キアン村の村民集会

プー・ハン村長の家に戻ると、多くの村人が日本軍の遺品を手に手に持って来てくれていた。

地上戦で**頭を撃ち抜かれて戦死したことを物語るヘルメット**には絶句してしまった。村を出る前に村民集会が開かれ、感謝の意を述べ終わると、プー・ハン村長からお言葉を頂戴した。

「プー・クワル。我がトゥイ・キアン村も、シン・ギィアル村同様、村民総出で遺品や周辺の個人墓の追跡捜索を行います。収集した遺品は日本にお返しします。お返しする時にはこの辺の村々総出で大きな返還式典をやりたいと思います」。すべては熊五郎たちによって整えられていた。僕がこの村に入るなりみんなから「プー・クワル」とゾーミ名で呼ばれたように、この話しも熊五郎たちの根回しで整えられていたのだ。

重々御礼を言って車に乗り込んで、

「トゥイ・キアン村の酒はとても美味しかったです。クワルは心から御礼を言います。本当にありがとうございました（ゾー・ズー、トゥイ・キアン、リム、マ、マ、エー！ゾー・カン・クワル、カ、ロンダン、マ、マ、エー）」**とゾーミ語で挨拶**すると、村人みんなが笑顔になり、口を揃えて「イェーイ！」と言って送り出してくれた。なんで、こんなにゾーミ語が出たかというと、**酔いに任せて喋った**からである。そのうち「クワル式・飲酒学習法」でも編み出そうか。

車、故障する

トン・ザンを過ぎた辺りから車の調子が悪いことに気付いていた。ルンがくれた帽子のお守りが効いたのか、**車はテディムの町へ着いたところで故障**した。道中だったらまた路頭に迷う羽目になっていたはずだ。しかし、それにしても、ここには本当にまともな車が無いようだ。半ば呆れ、半ば諦めの境地に立って、みんなで早めの夕食を取ることにした。ここでこのまま泊まるも良し。車が見つかれば先へ急ぐも良し。**僕らの旅は「おみくじ旅」。否「博打旅」**のようなものだ。

しばらくすると、別の車を探してくると言った運転手が車と一緒に帰ってきた。なんと、光り輝く三菱パジェロ*ではないか。点検してみると、全く問題無し。乗り心地も良し。「まったく！こんなに良いのがあるんだったら、この旅の最初から、この車を出せよ！」である。

光り輝く「パジェロ」は、夜道を縫ってカレーを目指した。

タンザラット・ホテル

カレーには真夜中に到着。そのまま空港前にあるゾーミ族某氏が経営する「タンザラット・ホテル」で旅の垢を落とした。道を挟んで真向かいにカレー空港のターミナルという立地の良さ。空港まで歩いて一分である。

*三菱パジェロ…三菱自動車による四輪駆動車。

が、**田舎空港なので飛行機が毎日は飛んでいない**。結局、飛行機待ちでここに二泊しなければならないのだが、すでに熊五郎たちがカレーでのスケジュールを勝手に組み込んでいた。ゾーミの政治団体幹部との交流やユース・グループとの交流会である。ゾーミ族の住む地域があまりに山深い奥地なので、ゾーミの政治団体やNGOのほとんどは交通の便の良いカレーに集中しているのだ。

カレーに着いた翌日は、朝から「ゾーミ民主議会」事務所を訪問し、議長のプー・クップ氏はじめ幹部の方々にお会いした。議長への挨拶の席で「私の名前(カミン)はゾー・カン・クワルです」とゾーミ語で自己紹介すると、議長は目をまん丸にして「**どこで、誰からその名前を貰った**」と聞いてきて大笑いになった。このクップ議長、現ミャンマー政府の最高齢の国会議員で、アウンサン・スー・チー女史の相談役でもある翁だ。

午後からはホテルに戻り、捜索隊のみで宿泊客向けの朝食が済めば開店休業になる一階のレストランを貸し切ってトゥイ・キアン村近郊で検証調査を行った野戦病院跡地や巨大な埋葬地などの正確なマッピングを行い、この六月から始まる第二次捜索隊の行動計画を煮詰めた。

夕方になる頃、献血事業を苦心して進めている「ゾーミ青年会」の事務所を訪問し、そのまま一緒に夕食会を取った。東京でレコーディングをしたというゾーミの有名歌手カップ・ノー氏も駆けつけてくれ、夕食会は大いに盛り上がった。幾人かいる東京帰りのゾーミの男性達は上手な日本語を喋るのだが、話題が「**東京で働いていた焼肉屋さんの経営方法が如何にシステマティックであったか**」というところまで行ってしまった頃には、むしろ僕の心はあの山深い現場を遠く離れたのだなという感慨の方に引かれてしまった。

カレー空港で小指を立てる

翌日はもうヤンゴンへと経つ日である。午前中一杯、熊五郎たちとホテルのレストランで談笑し、出発の時間を待った。熊五郎の奥さんが大騒ぎして入ってきたかと思うと、なんと別れの杯にと「ゾー・ズー」を持ち込んできた。今日もまた、結局朝から「ゾー・ズー」である。

フラフラになった頃、一緒に気持ち良くなっているスワンが「プー・クワル、飛行機の時間ですよ」と告げてくる。フラフラと道向かいの空港入り口までみんなで歩いて行き、搭乗客以外は立ち入り禁止のところまできて、僕は熊五郎と熱い抱擁を交わした。みんなとの別れを惜しみ、その惜しみを断ち切って小さな空港ターミナルの入管へと歩を進めた。ここからヤンゴンまではまた一人旅である。熊五郎はこれから奥さんと、ここで落ち合ったメディックの男性と三人でタイのメソットへと旅立つ。スワンとカイは来た道を引き返し、スワンはインドのマニプールにいる新妻に会いに行く。お産が控えているのだ。カイはというと、シン・ギィアル村を経由して自分の故郷であるインド国境の町へと向かう。今度こそカイは、ヌーのご両親の説得に当たることだろう。熊五郎とスワンとカイの三人がまたここで落ち合った時、第二次捜索隊の活動が始まるという寸法である。

入管に来て出航手続きを始めると、入管ボスのビルマ族の親爺が来て「君は、ここに着いた時、タンザラット・ホテルに宿泊と告げたよな。**調べてみたんだが、君はあの日このホテルには泊まっていなかった。どこに泊まっていた**」と切り出してきた。恐るべしミャンマーである。僕が入境許可を取ったのはチン州で、この空港はザガイン管区にある。つまり、管轄が違うのだ。ヤヤコシイことになったなという思いが頭を過ぎる。

しかし、こんなところで無駄な時間を費やしている場合ではない。咄嗟に僕は親爺の目の前に小指を立てた。「**これよ！実はここにワシの婚約者がおっての、そのご両親に挨拶に行っとったという訳じゃ！ワシの言ってることの意味が分かるかい？**」と言うと、「オーケー、オーケー！それは大事なことだ」と、あっさりと許してくれた。

飛行機の扉は文明圏への扉でもある。飛び立ったプロペラ機内で一休みしているうちに飛行機は何故かマンダレー空港に着いた。熊五郎はこの便はカレーからヤンゴンへの直行便だと言って訝る僕を強引に納得させたのに、**蓋を開ければやっぱり案の定、マンダレー経由便**である。回り道だよ、人生は。

熊五郎たち、呆れるほどに最後まで暢気であった。

第二次捜索隊の主要捜索ポイント

次に行う第二次捜索隊の主要な捜索ポイントについても触れておきたい。まず、**古都トンザン付近に日本軍が何かを埋蔵して退却して行ったという手付かずの埋蔵地**があることが分かっている。トンザンには日本軍の大きな基地があった場所でもあるが、ひとつのこぼれ話しがある。このトンザンの西方にトゥンザンという名の寒村がある。先の大戦中に英空軍機が編隊を組んでトンザンの日本軍基地を空襲に来たそうだが、村名が似ているためであろう、**英軍機はトンザンとトゥンザンを間違い、戦争とは無縁の寒村に過ぎない、日本軍もいないトゥンザン村を空爆し、村民の多くが亡くなってしまった**という逸話がある。爆弾など見たこともない村民。その時投下された爆弾の中には不発弾もあった。生き残った村民は爆弾というものの威力と燃焼力に魅されたとかで、その**不発弾を持ち帰り自宅の暖炉にくべたところ大爆発を起こし家族全員が亡くなる**という珍妙なる不幸な事件も起きたのだそうだ。

一方、テディム南方にあるブアンには、追い詰められた日本軍兵士らが集団自決をした場所があることが分かっている。相当数のご遺骨があるものと推定される。さらにテディムからカレー方面に向かう途中に**テイザン**という村があるが、この村は**追い詰められた日本軍兵士らがインド・マニプールの英軍傭兵部隊「カテー」の襲撃を受け、惨殺された場所**である。ここも多くのご遺骨があるものと推定される。その他、テディム街道沿いの村々の古老達へのインタビューで判明する新事実も数々と挙がってくることだろう。

カレニー編

ヘーホーからロイコーへ

今回は相棒と一緒の検証調査である。相棒の旅程調整能力はずば抜けていて僕は何を心配する必要もない。おまけに相棒は日本語が達者なので、僕は外国語を使う必要すらない。ヤンゴン空港を早朝に飛び立ったプロペラ機は順調にほぼ予定通りの時刻に**南シャン州の州都タウンジーに程近いヘーホー空港**に到着。長閑な丘が連なるもはや見慣れてしまった空港周辺の風景をやり過ごし空港ターミナルで入管手続きを終えると、もうそこに迎えの車が待っていた。流石は相棒、アレンジ力が違う。こんなことは未だかつてなかった程の手際の良さで

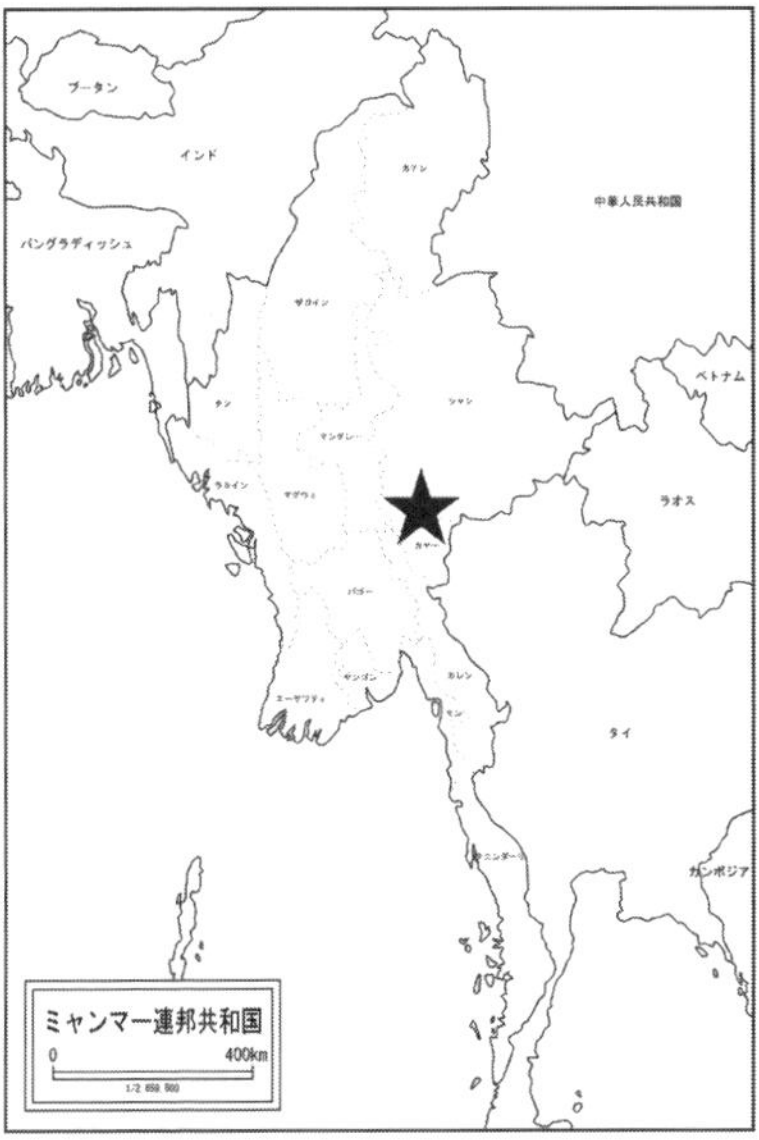

ブータン
インド
バングラディッシュ
中華人民共和国
ベトナム
ラオス
タイ
カンボジア
ミャンマー連邦共和国
0
400km

カレニー（カヤー）州

ある。この空港は外国人観光客が多く利用していることもあって入管手続きはそれほど大変ではない。車は中古ながら立派なトヨタのワゴン車で申し分の無い乗り心地である。

青い空に低い雲そして長閑で綺麗な山や丘を過ぎる。目の保養には最高の景色である。車は良くても道が悪いのが根本的な難点であるが、途中芥子(オピウム)で儲かっている山懐のオピウム長者村を眺めながら一路**カレニー州の州都ロイコー**を目指した。シャン州の麻薬栽培は減少していると聞いていたが、そんなことはないようだ。道路から見渡せる場所には栽培されていないが、一山越えればまだ沢山の芥子が栽培されているそうだ。産業と言えば普通の農業しかないこの地域で、あのように立派な家が建つはずがないではないか。

チン州からヤンゴンに戻ると、予定されていた「**ミャンマー政府と対立する少数民族勢力との全土停戦会議**」が数日間延長ということになっていた。これに先立って内戦の続くカチン州、そのカチン州の州都ミッチーナで行われたミャンマー政府とカチン独立機構・軍（ＫＩＯ／ＫＩＡ）との停戦会議の進捗結果を受け、それに同行していた少数民族各勢力が一旦、ＫＩＯの首都機能を果たすライザで少数民族勢力だけの調整会議を行うこととなったためである。

僕の予定は常に僕が立てるものではない。相手や周りの都合でフレキシブルに変更することが前提の予定なのだ。丁度良いではないか。その間隙を縫ってカレニー州ロイコーを訪問し、かねてより計画していたご遺骨検証調査をこの延長期間中に行おうではないか。

鉄は熱いうちに打ってばら撒け

ヤンゴンでカレニー行きを思いたつや、現地のご遺骨調査隊とチェンマイの少数民族ご遺骨捜索事務局に連絡して諸状況を確認の上、**ミャンマー政府の大統領府付き某高官親分**に連絡して即訪問。**北チン州でのご遺骨調査報告**を行うと、驚いた顔をして「**お前、あんな所に行ってきたのか!?**」と、当の本人はご存じ無かった様子。「はい。沢山のご遺骨を発見してきましたが、あそこは政府支配地(ホワイトエリア)で紛争地帯ではありませんね」、「そうだ」、「明年は日本の戦後七十周年になります。この長きに渡る間の日本人ご遺族や亡くなられた方々を想う戦友方の気持ちを察して下さい。彼らはまだ祖先・戦友の帰国を待ち焦がれているのです。当時を知る方々は高齢で、次の機会はないという時に差し掛かっています。この機会に是非、**ミャンマー政府側からも正式なご遺骨収集の許可をお願いする次第**です。あそこは紛争地ではない安定した政府支配地なのですから」、「ああ、あそこは日本軍兵士のご遺骨がいっぱい眠ったままだ。分かった。俺が調整してやる」、「有り難き幸せに存じます。そこで、引き続き、今度は、すでに捜索活動を続けてきた地域のひとつであるカヤー(カレニー)州に行き、同様の検証調査を行ってきたいので、僕の旅行許可を取りに上がった次第です。それから、例のワサビ農場の件ですが、カレン州とバゴー管区の州境(グレー・エリア)での農場設置計画が難航していることもあり、先に届く苗を一時的に定植しておく場所が必要不可欠ですので、**勝手ながら北シャン州のラショー**（ホワイト・エリア）**に農場を作ってきました**。こればかりは苗が優先ですから、**これは仕方無いことと諦めて下さい**」、「はあ！？ラショー！お前、この間カチン州に農場を設けてきたばかりではないか」、「ワサビには適地というものがありますんで、ラショーなんです」、「うーーん、まあ良い。地主がＯＫであれば、それはそれで良いだろう」、「はい。有り難き幸せに存じます」

彼は苦虫を噛み潰した顔を見せた後、今度は一転笑顔になって、その時一緒に来ていたうちのタイ人女性スタッフとミャンマー人女性スタッフ二名に向かって「おい、お前達、**このあっちこっち行ってコントロール不能な男をなんとかしろ！**あそこ（カヤー州）は紛争地帯（グレー）で、政府として許可を出すには少々以上の困難があるんだ」、「いやいや、僕が行くのは旅行者も行っている州都ロイコー近辺のみで、紛争地帯などには入りません。ご安心下さい」とは言うものの、僕の心中などとっくにお見通しの親分。「あー、分かった！分かった！もし、**捕まったら俺の名前を言え**。だけどだ、もし本当に捕まったら（刑務所に入ることになったら）だ、お前、**酒が呑めなくなるぞ**」、「それは、健康に良い！最近、体調が芳しくないんですよ。でも、あなたがそれを望んでいないことは十分承知していますから。ありがとうございます」

僕と彼とはいつもこういう際どい冗談を言い合って仕事を進めているのだが、こうして僕のカレニー州行きが決まることになった。難題は多いほど良い。**北シャン州のラショー農場はこれで**

お墨付きを貰ったのだから。

ホテル・ロイコー

左手に有名なインヤー湖が見えてくると間もなくシャン州とカレニー（カヤー）州の州境に差し掛かる。州境にはカレニー州側に州政府のチェック・ポイントがあり、外国人入境者はここで届出をしなければならないことになっている。が、普段は面倒臭いので黙って通り過ぎることにしている。

黙って通り過ぎるはずであったが、生真面目な性格の運転手は、チェック・ポイントで車を停めてしまった。停まったら当然、軍服を着た職員がやってくる。もはや俎板の上の鯉である。無断で外国人を入れたことが発覚でもすれば、ここで生活している運転手の致命的な落ち度になってしまうので、仕方が無いと言えば仕方が無い。大人しく「滞在三日間のロイコー観光だ」と言ってパスポートを運転手に手渡す。運転手は車を降りて軍服職員に僕のパスポートを手渡した。

これがすぐ済むかと思うと、すぐには済まない。だから、いつもは黙って通り過ぎるのだ。しばらく待っていると軍服職員が車までお出ましになり、中を覗き込んで僕と目が合った。「誰だ、こいつは？」と言い出す軍服。なんと、この軍服、**僕の相棒の方が日本人だと思い込んでいた**ようで、みんなで笑い出すと軍服も一緒になって笑い出した。

やがて**ロイコーの中心地**近くへ来ると、急に道路が良くなった。ロイコーは州都とは言え小さな町である。**対向車線に戦車が走っている**のには笑ってしまったが、ともあれ無事にホテルに着いた。運転手には二日後の朝にここに迎えに来るように言って一旦お別れとなった。入れ違いに別の車が到着し、僕らはそれに乗って早速現場を目指した。別の車とはカレニー州のご遺骨捜索隊が用意した車である。

フルソーへ

ミャンマーの地図を見れば、中央右側（中東部）、**シャン州の南に丸っこい形をしたカヤー州**というミャンマーでは最も面積の小さな州名が目に入るだろう。タイのメーホンソン県に隣接するその小さな州は、**インパール作戦失敗後の日本軍がタイへ退却して行った主要通路**があるという意味では日本人には大きな意味と因縁を持つ州である。その退却路こそ世に名高い「**白骨街道**」であり、日本兵の白骨を辿っていけばタイへ抜けることができたことから、そのように通称されている。

ここに住む住民の大半は**カレニー族**である。ビルマ語では「カヤー族」と言い、州名も「カヤー州」なのだが、彼らは彼ら自らのことを「カレニー族」と言い、州名も「カレニー州」と呼んでいるので、ここでは基本的に「カレニー」で統一しておく。

このカレニー州で民族自決や高度な自治を求めて政府軍と戦ってきた「**カレニー民族進歩党・軍**」は、二〇一二年にミャンマー政府及びカヤー州政府（政府側の呼称）との間に暫定的停戦合意を行って以後、州都ロイコーその他に合計で四つの連絡事務所を開き、中央政府や州政府との政治折衝を行っている。僕らを乗せた車は、今日のうちに回れるところを回っておこうということで、ロイコーを出て**先の大戦中の激戦地のひとつであるフルソー方面**を目指した。

途中に見える広大で肥沃な土地の大半は国軍が押えてしまっているが、一部は先の暫定的停戦合意によってカレニー族側に戻されるなどしていて一定の政治的進展があったことを物語っている。暫定停戦中のカレニー軍の車は、普通ならばお金を払わなければならない道路利用料金所を堂々とすっ飛ばし、「**外国人を見かけたら通報しましょう**」という警告看板もすっ飛ばし、当時を知る地元の古老のいる**ロブタ村**を目指した。

教会の佇むロブタ

車はイタリア人宣教師が開いたという教会に着いた。この教会のそばに日本軍の基地があり、そこで激しい戦闘があり、亡くなった兵士達は今僕が立っている場所に埋葬されたのだそうだ。ここに数十名相当のご遺骨が埋まったままになっていると言う。

そこは、どこか懐かしさを思わせるような夏の日差しを浴びる緑に包まれた山間の裏庭のようなところで、とてもこの一帯が戦場であったとは想像もできないような場所。この辺の地名である「ロブタ」とは「山奥」という意味らしいが、まさに**「奥の細道」へと迷い込んだような感覚**にとらわれた。

このすぐ近くには深井戸があり、そこでも確実に一名の日本軍兵士が亡くなったのだそうだ。その兵士は井戸に突き落とされた時、突き落とした人間を道連れに井戸の中へと転落。そのままになったそうだ。井戸の中には都合二名のご遺骨が眠ったままになっている。

また、そこから歩いてすぐのところにある日本軍の基地があった場所も訪ねた。ゴツゴツとした岩場には洞窟もあり、戦闘中に亡くなった兵士達の遺骸は打ち捨てられたままだと言う。

ウテーレ爺さん

日本軍と戦った経験があるというロブタ村のウテーレ爺さんの随分と年季の入った家を訪ねると、爺さんは娘と散歩に出かけて家には不在であった。家にはこれまた年季の入ったお婆ちゃんが一人いて、何か珍しいものでも見るように見つめられてしまった。鶏の遊ぶ辺り一面には

「楮（こうぞ）」の木が活き活きと生い茂っている。

僕らはテクテクと散歩先まで歩いて行き、畑地になっている平らな丘の上まで来ると筵の上に座っている老人の姿が見えた。ウテーレ爺さんである。カレニーのスタッフが「**爺さん、大変だ！日本軍がまた戻って来たぞ**」と冗談を言うと、顔をシワシワにして笑い出した。年齢を尋ねると「分からない」と言う。付き添いの娘に聞くと「戦時中は一五、六歳だったから、多分今は八十歳後半になるでしょう」とのこと。

ウテーレ爺さんと著者

ウテーレ爺さんはひとつの日本語を覚えていた。それがなんと「**あるか!?**」という日本語である。そうやって何度も尋ねられたのだろう。以下は、ウテーレ爺さんの話である。

「日本兵のご遺骨はこの辺には沢山眠ったままになっています。しかし、当時は戦闘で厳しい状況にあったので、そのご遺骨がどこにあるのかは私には分かりません。この辺は、日本軍が去った後も少数民族と政府軍との内戦が続いてきましたから、日本からの調査団も来たことはありません。日本軍の思い出と言えば、日本軍は**野戦病**

院を開いて村人に注射や投薬を無料で行ってくれましたね。それから**塩**も配ってくれました。**塩**はこの辺では貴重品で、日本軍は刀で塩の塊を削っては村人に分けてくれました。あと覚えているのは日本軍の兵隊さんたちはみんな**長靴**を履いていたことですかね。自分は日本軍がこの地にいた頃は日本軍のポーター（荷物運び）をやらされていました。戦況が不利になった頃には**食料提供で鶏を三十羽持って行った**ことがあります。代金にと日本軍のお金を貰いましたよ。日本軍が健在の頃はそのお金も使えましたが、負け出した頃には使えなくなってしまいましたね。その後、英軍がやって来て、この辺一帯の村人達は英軍から軍服や武器、食料を貰うようになり、**日本軍と戦うように命令**されました。この辺の少数民族は多かれ少なかれ物量で英軍側に付き日本軍と戦うようになりました。ワシもそれで日本軍と戦うことになりました」

英軍が地元の少数民族を即席の傭兵部隊にして弱り切った日本軍を攻撃するという話は先に行ったチン州のカテー族と同じである。したたかな英軍とは対照的に孤軍となってからの日本の兵隊さんたちはまさに針の筵にいるような心境だったことだろう。この地が「白骨街道」と呼ばれるようになった理由を思い知らされた。

ご遺骨捜索の現場を回り続けるうちに僕の心は感情の起伏に左右されることは少なくなってきたようだ。今はただ淡々と目の前の実務をこなすのみである。僕の目の前にいる年老いたウテーレ爺さんも、ただその時代を生きてきたに過ぎない。しばらくの歓談の後「**ワシは日本軍も英軍**

も、そしてビルマ国軍の統治時代にも三つ共に全部仕えましたよ」と屈託の無い笑顔で話す爺さん。「爺さん、今日はありがとう。健康に注意して長生きして下さいね」「ありがとう、ありがとう。あなたに神のご加護がありますように」ウテーレ爺さんから有り難いお祈りを頂戴し、車はロイコーへと踵を返した。

道中にて

ロイコーへの帰り道、車の中でカレニー族調査隊スタッフの面々がこれまでの古老達へのインタビューで聞き知った話しを話してくれた。カレニー族はこの辺一帯の種族の総称で、実際には大きく四つ、細かくは特定不能なほどの数の種族の枝葉末節がある。**パダウン族という女性が首にワッカをはめることで有名な**「**首長族**」もそのひとつ。

戦争中、ある日本の兵隊さんが悪戯で首長族の女性を捕まえ、首輪の中に箸を突っ込んで悪ふざけをした。言うまでも無く、その事件を契機にパダウン族の日本軍に対する嫌悪と怒りが募った。今でもそうだが、噂が飛び回るスピードは速い。瞬く間にパダウン族の反日感情が高ぶってしまった。そして、日本軍の敗色が濃厚となったある日、今度はパダウン族の人々が退却の途中疲れきって横たわる日本の兵隊さんを捕まえ、鼻の穴に箸を突っ込んで仕返しをしたという話しを聞かされた。

日本人としてはあまり耳を貸したくない類の話しであるが、この**パダウン族の反日感情は後に思わぬ形で当時の別の日本軍兵士を死に追いやることになる**が、それは後述する。時代のせいであるといえばその通りであるかもしれないが、人と人との対等な関係というものを求めるのは、その時代の方々には時期尚早だったのであろうかとも思ってしまう。

ここで、カレニーのご遺骨調査隊の面々を紹介しておきたい。一人はクー・ラー・ヴォー、もう一人はクー・ボー・レー。名前が似通っているので名前だけでは判別が難しいが、実はカレニー族の名前はある理由により似通った名前や全くの同名が多い。このことも後述する。二人とも現役の若く逞しい（反政府側の）軍人である。車の所持者でもある運転手のヨー・ヨーは民間人のカレニー族で、長い髪をした後姿を見た時は女性が運転をしているのかと思ったほどだが、ちゃんとした男で、四輪駆動の自動車を操るテクニックには見るべきものがあった。クー・ラー・ヴォーは以前にタイのメーホンソンで僕に会ったと言うのだが、失礼ながら僕には記憶が無かった。

ロイコー市内へ戻った僕らは、一緒に夕食を取り、そこで色々な話をすることになった。

六十有余年の確執

六十有余年にわたる政府軍と少数民族軍との間の内戦による確執がそう簡単に癒されるものでないことは知悉しているのだが、この夕食の席でも改めてそのことを思い知らされることになった。

僕はかつて学生時代（一九八四年）にＪＶＣ（日本国際ボランティアセンター）の学生ボランティアとしてアフリカのソマリアに行ったことがあるのだが、ソマリ語の挨拶言葉である「ナバット＝こんにちは」の語が本当は「平和」という意味であり、それは裏返せば**「平和でないから平和と言い合う」慣例**ができ上がってしまっているという社会に出会った経験がある。

今のミャンマーでは、内戦を続けてきた政府軍と反政府少数民族勢力との間で盛んに「相互信頼」や「信頼醸成」の語が乱発されているが、それは**「信頼がおけないから信頼と言い合う」慣例**ができ上がっているという点でソマリアの例と軌を一にしている。そもそも猜疑心や不信感の無いところに「信頼」という「語」の必要性などないのだから。もっと言えば、今の日本や世界の法体系はそもそもそういった人間相互の「相互不信」によって成立しているものなのだと言い切っても良いのかもしれない。**「相互不信」こそ世の共通語**。世の中、実にネガティブである。病原菌反応だけはネガティブが望ましいが。

その「信頼醸成」の一翼に関わらんとしている自分が言ってしまうのは犯罪的であるかもしれないが、正直言うと、**六十有余年という長きにわたる確執は、真の意味での「相互信頼」や「信頼醸成」構築をほぼ不可能にしてしまっている**ようだ。長過ぎたのだ、確執の時間が。ビルマの少数民族各勢力はミャンマーという国を徹底的に信用していない。このことはミャンマー政府が目指す少数民族勢力との歴史的な「全土停戦」後もその内面に引き続き継承され燻り続けていくことだろう。

かと言って僕はここで泣き言や不服を言おうというのではない。むしろ、この両者間に横たわる年季の入った確執や猜疑心や不信感を十二分に味わってでなければ「相互信頼」や「信頼醸成」に携わることはできないし、これを解決していくためには**尋常ならぬねばりと辛抱と注意力が必要**であると言いたいのだ。

カレニーの二人の兵士もまだ若いのに、もはや**DNAに組み込まれてしまっているかのように徹底した不信感**を持っている。カレニー州に限らずミャンマーの国土の大半は軍によって押えられている。それが何を意味するかはここで改めて言う必要もないだろう。あえてひとつ言うならば、一般の国民には良い土地は回ってこないということだ。

「これから必要なことは相手への恨みや辛みを並べ立て続けることではないだろう。強者による不公平な既得権益に対する不満や要求は当然行っていくべきだろうが、僕は、**君達がここでしかできないような新しい産業を作っていくことの方が大切**だと思うよ。それらは当然君達の権利として生きていくだろう。この州内の君達の支配地に作った農学校も、そうした新しい産業を考えていくためのものなんだよ」

「兄弟に会ったみたいだ」と、クー・ラー・ヴォーが握手を求めてきた。

畑に眠る日本兵

翌朝からのご遺骨検証調査には少々テクニックが必要だった。ミャンマー国軍の検問所を迂回するルートを取って北へ登り、そこで**一旦シャン州に入ってから徐々に南下を続け、ロイコー南方のデモンソー地区を回り、ロイコーに戻る**というコースを取ることになった。

ロイコー近辺は湖や池の多い広大な盆地を形成しているが、ロイコーから北へ向かい始めてすぐの道中で、車は大きな畑に差し掛かったところで一旦停止した。

今は広大な畑となっているこの場所に、病死された日本兵のご遺骨が眠っている。古老の証言からも確実と思われる。当時、この付近に日本軍の駐屯地があり、そこで病死された兵士の遺体がここに埋葬されたとのことである。

水田に眠る日本兵

一旦シャン州へ入った僕らはそこから南下を始め、日本軍が巨大な基地を作っていたという**エレファント山**（象山）**に入る手前のドブク村近郊の水田地帯**に降り立った。現場にはすでに十名ほどの村民が待ってくれていた。地元リーダーのテー・トゥーさん（カレニー族）に連れられて田んぼの畦道を歩いていくと、畦道の果てに稲の育苗をしている田んぼに行き着いた。

以下、テー・トゥーさんの話である。

「この育苗をしている地下周辺に九名の日本軍兵士が眠っていますよ。彼らは遠方から逃げてきたようで、空腹を補うために付近の村人に所持していた刀を差し出し、お米と物々交換を行ったそうです。**空腹と疲れを満たそうと休息しているところへ英軍の傭兵部隊と化していたパダウン族**（首長族）**が雪崩れ込み、九名全員を滅多刺しにして殺害した**とのことです。パダウン族は日本軍兵士が同族の女性をからかって虐めたことが理由で日本軍を恨んでいました。可哀想に、彼らはその犠牲になってしまったのでしょう。遺体は散乱されたまま野犬に食われたりしたそうですが、この地を掘り返せばご遺骨が出てくるでしょう」

テー・トゥーさんの話しはさらに続く。

「ここから見える北の方のあの山を見て下さい。日本軍と英軍の激しい戦闘はあの山の中で行われたそうです。私の亡くなった親父が言っていましたが、**あの山中には今でも百を越える遺体がそのままになっている**とのことです」

なんという話だ。空を仰ぐ。

竹藪に眠る日本兵

車はそこから南西方向へと進み、エレファント山（象山）の麓にあるドブク村の中心地近くにある小さな学校でエンジンを休めた。カレニー族のリー・レーさんがそこの案内人に立ってくれた。リー・レーさんはドブク村の村議会議員である。彼のお父さんは**かつて日本軍に仕え、地元の班長として主に亡くなった日本兵を埋葬する仕事に携わっていた**そうだ。父親は一九九八年に鬼籍に入られてしまっていたが、息子のリー・レーさんは父親の生前中に何度も何度も聞かされてきた日本兵の埋葬箇所を覚えている貴重な証人である。

これが学校かと思われるような小さな学校の校庭で立ち話をした後、埋葬地を案内しましょうということで学校裏にある竹藪を押し分けて入って行く。雨季には川になるであろう細い砂地の枯れ川を進み、竹藪の生い茂る埋葬地に辿り着いた。

霊気の漂う静かな竹藪だった。

そこは、戦病死した日本軍兵士の埋葬地であり、リー・レーさんは「親父の話しではここに多数の日本軍兵士が埋葬されたと言っていました。ここは**幽霊が出るとかで村人の誰も入ってきませんし、誰も手をつけていません**。ここには確実に多数の日本軍兵士のご遺骨が眠ったままになっているでしょう」と語ってくれた。

リー・レーさんや調査隊メンバーを先に送り出し、僕はそこで短く読経の声をあげ合掌と黙祷を捧げた。**「日本に帰りましょう。もう良いでしょう。もう帰りましょう」**

ドブク村の結婚式

リー・レーさんは、それから一旦自宅に招待してくれた。風通しの良い家で出されたお茶を飲んでいると、村の女性二人がやってきて照れくさそうに一枚の紙幣を差し出して見せてくれた。紙幣には**「日本政府の百ルピー」札**[*]と印字されている。ウテーレ爺さんも言っていた当時の日本軍がくれたお金である。

リー・レーさんは気さくな良い親父である。「今日は村の結婚式なので、昼食を兼ねて一緒に招待しよう。人間、何事も経験だ。**ここの結婚式も見ておいた方が良い**だろう」

そういうふうに言われては断る理由も無い。では、早速ということで結婚式場へ向かったつもりだったのだが、行き着いた先は新郎の実家で、新郎の親族が揃って昼食を食べている最中だった。「新郎と新婦は？」と聞くと、「あんな結婚式の場所は人が多くていかん。ここの方が気楽で良い」と、リー・レーさん。さっき言ってたことと違う実に一方的なアレンジだが、贔屓目にもう一度断っておくと、リー・レーさんは気さくな良い親父である。ということで、僕らは結婚式

＊日本政府の100ルピー…ルピーはインド周辺の国々で使用される通貨単位。ここでは、日本軍占領地域で発行された軍票（軍用手票）という代用貨幣のこと。敗戦後、連合国によって日本側の支払い義務が免除され、無効になった。

のご馳走のおこぼれ頂戴のみで**新郎と新婦にはついに逢わず仕舞い**であった。

　カレニー族の葬祭で出されるご馳走と言えば、油ギトギトの焼き豚と煮豚とカレニーの伝統濁酒「カレニー・ワイン」（米ワイン）である。ここでもゾー・ズーそっくりの「カレニー・ワイン」が食前酒に出されたが、酒はまあ良い。問題は油ギトギトの焼き豚と煮豚である。以前にタイ国境近くのカレニー族のお祭りに招待された時も嫌と言うほどにこの油ギトギトの焼き豚と煮豚の集中砲火を浴びたことがある。カレニー族の場合、お祭りの時は一村の各家を回り、どこも同じメニューしかない油ギトギトの焼き豚と煮豚と「カレニー・ワイン」を有り難く飲食し回らなければならない習慣がある。その時は各家を回らなければならないとは事前に知らされてもいなかったので、最初に訪ねた家で腹一杯食べてしまったこともあって死ぬ思いをしたことがある。その経験からか、僕は**油ギトギトの焼き豚と煮豚を見ると敬虔なイスラム教徒***以上にトラウマにも似た拒絶反応**を示すようになってしまっている。

　と、お給仕をする年増の女性から、なんとタイ語で「沢山食べて下さいね」というお言葉を頂戴した。油ギトギトの焼き豚と煮豚に苦悶する僕をタイ語が救ってくれた。「女将さん、なんでタイ語が喋れるの？」「あたしは何年もチェンマイで仕事をしていたのよ」「**え!?チェンマイ!?僕もチェンマイですよ。いやあ、奇遇ですねえ！**」とか**何とか言って豚地獄から解放**された。

＊敬虔なイスラム教徒…イスラム教は豚を不浄な存在として、教徒の消費を禁止している。ユダヤ教の影響。

エレファント山へ

何度も言っておくが、リー・レーさんは気さくな良い親父である。折角ここまで来たのだから日本軍が基地を作っていたエレファント山（象山）に連れて行ってあげようと言い出した。中々の話し好きなリー・レーさん。車内でも色々なことを聞かせてくれる。

「日本の兵さんが亡くなるとね、火葬してたそうなんですよね。**村の民家を無理やり分捕られて一軒家を丸ごと燃やしての火葬**だったそうですよ。村人にとってはたまったものじゃなかったですよね」

リー・レーさんは続ける。

「いやあ親父が生きてたらなあ、もっと詳しい話しが聞けたんでしょうがね。親父にいつも言われていました。**これは大事な歴史なんだぞ。いつか必ず日本人がここに戻って来る。だからお前にはこの地で起こったでき事を伝えておきたい**と、そう言っていました。私はその時は全く関心も何も無かったから、父が語った多くを聞き逃してしまいましたね。今になって後悔していますよ。申し訳ないことです」

車は急激な坂道を登って象山の頂上を目指した。

エレファント山（象山）は、男山と女山とのふたつの山が対を為して佇んでいる。なるほど見

る角度によっては**二匹の象が仲良く寝そべっている**ようにも見える。

僕らが登ったのは男山の方で頂上に仏塔があり、その中に日本兵のご遺骨が眠っているのだと言う。**仏塔*建設中に土の中から日本兵の遺品と一緒にご遺骨が出てきたそうで、そのまま仏塔の中に納めて供養することになった**のだそうだ。

頂上に立つと素晴らしい眺めが見渡せる。この男山の方が女山よりも背が高く、その向こうには広大な盆地が広がっている。今は風の音と鳥や蝉の音しか聞こえない長閑な場所で、ここがかつて戦場だったなんてとても信じられない。

「この男山と女山、それからその中間にある高台の地に日本軍の大きな基地があったそうです。今はこの山には立派な道ができていますが、その当時はこんな立派な道なんてありませんでした。この山は岩が多いので、一度は道の建設を断念した程です。そこで山の神様に村人みんなでお祈りしたところ、工事が進むようになり、ようやくにしてでき上がったんですよ」

頂上付近に象をあしらった仏塔があった。ご遺骨はこの仏塔の中に納められているのだが、**仏塔の中に入る扉も何も無い**。

＊仏塔…仏舎利（釈迦の遺骨）を安置する仏教施設。卒塔婆ともいう。

と言うことは、ここに眠るご遺骨を見つけ出すためには、この仏塔を壊さなければならないということだ。そんなことは今となっては無理かもしれない。むしろ、こうして**立派な仏塔に永眠できたご英霊は、野辺に散華したままになっているご英霊よりも幸運であった**と考えるべきかもしれない。

エレファント山（男山）の頂上に聳え立つ仏塔に敬礼、合掌する。

野戦病院跡地に眠る日本兵

リー・レーさんを家まで送り届け、一旦シャン州に北上した僕らを乗せた車は、大きく左旋回して**ロイコー南方になるカレニー州デモンソー地区**に入り、やがてロイコーへと北上する経路を取った。

その道中、キリスト教のテスレ教会に降り立った。今、この教会のある場所はかつて日本軍の野戦病院があった場所で、北チン州同様に野戦病院脇に埋葬地があったそうだ。

実はこの立派な教会は建て替えられたものである。教会は最初、埋葬地のあった場所に建てられたのだが、**不慮の事故が多発するやら幽霊が出るやらで困惑していたところ、そこが日本軍兵士の埋葬地であり地下に多くの兵士達が眠られていることに思い至り、今建っている場所に移し直した**ということであった。

今、その場所はさら地になっているが、建設作業の折に土中から遺骨が出てきたそうで、今もそのままにされているとのことだった。

テスレ教会脇の埋葬地にて敬礼、合掌する。

池に眠る日本兵

僕らを乗せた車は、さらに北上を続けるうちに山道に入り**ドリャク村**という村に降り立った。このドリャク村一帯は、二〇一二年の暫定停戦後、**タイへ逃れていた難民の再定住地に指定**されることになったが、すでに幾つかの新しい家が建ち、タイの難民キャンプで暮らしていたという**カレニー族の帰還難民の人たちが新たな生活を始めている**のを目にした。

畑仕事をしていた帰還難民のお爺ちゃん二人が、鍬を放り出して僕らの案内人に立った。

「墓はこの先にあります」と言いう爺さんたちに付いて行くと、村を抜けたところで眼下に大きな池を見下ろせる場所に立ち止まった。

「ここは今、畑になっていますが、この畑の角にある大きな菩提樹の根元に二名の日本兵が眠られていますよ。誰も手をつけていませんから、今でもそのままです。この二名は、**下に見えるドリャク池で魚を捕ろうとして手榴弾を池に投げ込もうとしたところ二人ながらに誤って自爆**してしまい、そのまま帰らぬ人となってしまいました」

僕らはそのドリャク池へと歩を進めた。池の中にもう一名の日本兵が眠られているのだと言う。村の子供達が水際で洗い物をしている。その傍まで来ると、

「ここです。今は水かさがあって見えませんが、亡くなった場所に目印となる角柱が立っています。この日本の兵隊さんは泳ごうとでも考えていたのでしょう。ここから池の中に飛び込み、そのまま二度と浮き上がってきませんでした。この**池の底は泥が溜まっている底なし沼**なんです。ここも誰一人手をつけていませんから、ご遺体はこの池の底にそのままになっています」

ドリャク池に眠るご英霊に手を合わせた。

その途端、大粒の雨が降り出した。

水辺のレストランで

これで今回予定していた検証調査地はすべて回った。**インパールへ続くインド国境近くの北チ**

ン州から「白骨街道」が続くタイ国境近くのカレニー州へとミャンマーの東西を跨いでの調査となった。このコースは時系列的に当時の**日本軍の退却コースと一致**しているので、僕にとっては当時を偲びながらの歴史再検証回廊ともなった。

もちろん、この検証調査はこれで御仕舞いではない。カレニー州の検証も東側半分が残っているし、北チン州のゾーミ族地域も南側半分が残っている。それどころか、**カチン州やアラカン州そしてカレン州など、まだまだ未検証の地域は沢山残っている**ので、むしろ、これから始まると言った方が良いだろう。

ビルマ少数民族各派ごとに編成しているご遺骨捜索隊は、**ミャンマー政府と少数民族勢力との間でこの八月にも達成されるであろう歴史的な「全土停戦」後に、残る地域の捜索をミャンマー政府と共同して継続する**ことになっている。言うまでも無く「全土停戦」はセンシティブな政治問題なので、これはあくまでも憶測に過ぎないひとつの筋書きなのだが、僕は政府側と反政府側が協力して当たることになる日本兵のご遺骨捜索を「全土停戦」のひとつの象徴とすると同時に、日本人として**先の大戦争がこの国に残していった悪夢を綺麗に掃除**したいと思っている。これだけ沢山の英霊方のご遺骨の数である。日本政府の発掘隊派遣が実現すれば、かなりの長丁場な仕事になるだろう。それは、**日本によるひとつの停戦仲介**である。「相互信頼醸成」構築のための縁の下の力持ちである。戦後七十年の節目に丁度良いではないか。日本の戦争が終わった八月。

お盆を迎える八月。

「八月かあ。**こうなるように導かれている**のかもしれないな…」

その夜はロイコー連絡事務所のカレニー族のメンバー達と一緒に夕食を取ることになってい
た。静かな美しい水辺のレストランに立ち、そんな思いがふと頭を過ぎった。

夕闇の迫る池で小船を操る人が見える。まるで一幅の風景画を見ているようだ。

カレニー料理の晩餐会

水辺のレストランでは最後の晩餐に相応しくカレニーの伝統料理を頂いた。有り難いことにギトギトの豚肉ではなく、その腸詰が出た。その他のメニューは、**食べても大丈夫だろうかと心配になってしまう田螺料理や最初はタケノコかと思ってしまったジャック・フルーツのスプ、にがい鶏肉スープに辛目の牛サラダといった中々珍妙な品々**だった。

ヤンゴンでお世話になっている旅行社の面々が偶然にロイコーを訪れていたので一緒に夕食をと誘ったのだが、**僕と相棒の隣にズラリと勢揃いしている武装勢力**を見てカチンカチンに緊張してしまっている。これぞ**クワル流異業種交流会**だ。

そこへ遅れて登場してきたカレニー族のひょうきんなオフィサーが「はじめまして、**私の名前はアジノモト***[*]**です**」とみんなに英語で自己紹介をしてきた。「僕のミャンマーでのあだ名も同じ

*アジノモト…日本の旨味調味料「味の素」。世界各国に展開している。

だよ」と言うと大笑い。彼に取っては**日本の代名詞は「アジノモト」**というわけだ。ちなみになんで僕のあだ名が「アジノモト」なのかと言うと、「イモト」だと覚えにくいが「アジノモト」だと覚えやすいというただそれだけの理由である。この間までモン州の農場で雇っていたモン族の親爺など、最後まで「イモト」が覚えられず、「アジノモト」の「アジ」だけ取って、僕のことを「**アジ！アジ！**」と呼んでいた。魚ではあるまいし、おまけに僕の名前とは全く関係のない「アジ」だけ取って呼ばれていた。

ところで、カレニー族には同名の者同士が非常に多いことは以前に述べた。それは彼らの命名法に理由がある。**カレニー族は赤ちゃんが生まれると両親がパワー・ストーンを使って名前を決める**のだそうだ。**両親は紐にたらされたパワー・ストーンに向かって血縁者や近隣にいる人達の名前を一人ずつ挙げていき、その「石」が動いた名前こそ赤ちゃんが欲しがっている名前**だということで、その名前を持つ人の所へ御礼の品を持って出向いて名前を授かるのだと言う。それで同名が多いのだそうだ。

同名の者同士の場合、名前を呼ぶ時に当然違和感がある。そのような場合、お互いがお互いを「兄弟（ムイ）」と呼び合うのだそうだ。「じゃあ、君も僕も同じアジノモトということは、」と僕が振ると、目と目が合い、呼吸を揃え、同時に「**兄弟（ムイ）！**」と言い合った。

「なあ、ムイ。今度そのパワー・ストーンとやらを僕にくれないか」

「だめだめ、**あげちゃったら子供に名前が付けられなくなっちゃうよ**。うーむ、見せるだけならいいよ。それはそうと、今回の検証調査は実に良かった。僕達だけで調査をしていても、誰も検証に来なければ本当にこれで良いのだろうかと心配になってしまう。今回、井本が来たことで、僕らの勇気付けにもなったし調査の自信も持てるようになった」

「ありがとう。引き続き宜しく頼むな。ムイ！」

ヤンゴンの旅行社も、そういう話しに釣られてか、**やがて武装勢力とも仲良くなり、和気藹々とした雰囲気になった。と、勝手に想像**しておきたい。

全土停戦会議中のヤンゴンへ

翌朝、二日後の朝にと約束しておいた生真面目な運転手の親爺がホテルまで迎えに来た。

「サー、ロイコーは如何でしたか？ 良い旅行になりましたか？」

と、流暢な英語で尋ねてきたので一瞬たじろいでしまった。**なんだこいつ英語ができたのか**。「いやあ良いところでした。今日はまたこれからへーホー空港までお世話になりますが、宜しくお願いしますね」**壁に耳有り障子に目有り**である。余計なことは言うまい。

僕らを乗せた車は来た道を引き返し、風景画のような田畑を通り抜け、一路**南シャン州のへーホー空港**を目指した。五時間の旅である。早めに着き過ぎたので、途中長めの昼食で時間を潰して空港へ。手元には昨日カレニーの友達がくれた「カレニー・ワイン」があったが、運転手が水物は持ち込めないと言うので運転手へのお土産にした。しかし、空港の荷物検査は無く、そのまま控え室に入り込めてしまった。**荷物検査無しで飛行機に乗せるのか。恐るべしミャンマー**である。それにしても、持ち込めたではないか「カレニー・ワイン」である。

喉が渇いたので相棒に**コーヒーでも飲もうかと言ってカフェのカウンターに行くと「只今、停電で作れません」との返事。愛すべきミャンマー**ではないか。

飛行機に乗ると、相棒のズボンに蝉がくっ付いていた。相棒が乗務員に「**蝉がいるんだけど**」**と言うと、機内は大騒ぎになった。嗚呼、愛おしきミャンマー**である。僕は僕で、あの蝉時雨のエレファント山を思い出し、この蝉と一緒に旅をするのも一興かなと思っていたら、若い女性客室乗務員が紙袋に入れてさっさとゴミ箱に捨てに行ってしまった。

その夜、僕はヤンゴン市内のホテルのレストランで夕食を取っている少数民族のリーダー達の夕食の席に一緒に混じっていた。少数民族勢力を代表する「全土停戦調整チーム」一行である。彼らはライザからヤンゴン入りし、その日にミャンマー政府との全土停戦会議の初日を終えたばかりだった。その彼らの口から「今回は国軍が停戦条件を譲歩したことで全土停戦に弾みがついた」との朗報。「しかし、油断はできない。今はこの国の将来を決めてしまう非常に大事な時だから引き続き慎重に臨みたい」との慎重論も出た。それにしてもである。**今まではタイ側かジャ**

ングルの中でしか会えなかった彼らとこうしてヤンゴンで会って一緒に食事をして話しをすることまでできるようになったたんて、まるで夢のようではないか。

僕の目の前に、どこから持ってきたのか「カレニー・ワイン」が差し出された。

どこでもドアー

ヤンゴン空港からタイのバンコクを経由してメソットへ飛んだ。**今まで経験が無かったような疲労感**を一緒に連れて行った。

バンコクのドンムアン空港で「**悪だくみオヤジーず**」メンバーに再会。彼と同行するのはこれまた悪だくみメンバー格の大阪のゴマ問屋さん。**バンコクから一緒にメソットへ行き、カレン州でのゴマ栽培の可能性を調査する**のが第一の目的。ゴマと一口に言っても、ゴマという植物は実に多種多彩。その種類といい、その用途といい、あんな小さなゴマ粒に僕は平身低頭する思いがした。一応農大出てるのに恥ずかしいほどだ。

ちなみに「悪だくみオヤジーず」と言っているのは、この世界への痛烈な皮肉である。「目には目を、歯には歯を」とまでは言わない。「**目には眼鏡を、歯には歯ブラシを**」である。僕らが言う「悪だくみ」にはかような意味が煎じ込まれているのだが「オヤジーず」については何の異論も無く、単なる「オヤジ」の集まりである。慢性の腰痛や頻尿症そしてそろそろ加齢臭に悩むただの「オヤジ」の集まりである。

僕らは今、ミャンマーの少数民族勢力地域で農学校や農業改良普及所を設けているが、お遊びでやる気持ちは毛頭無い。そこで**学ぶ技術や知識が幾らあったとしても、現地で生きる人々の自立に繋がらないのであれば、結局のところ絵に描いた餅**である。そこで僕らは、日本やタイの企業と図って、少数民族地域の農民に対し有機農業による農産物の直接契約栽培を開始している。うちの農学校の基本は**永続的かつ循環的な地域自給を基本とした「自給自足」そして「地産地消」**であるが、このグローバル化した資本制経済の現実の中で現実的に暮らす為には、もっと俗に言うなら、子供を学校にやり病人を病院にやり家の水道光熱費をきちんと支払うためには現金収入が欠かせない。言葉を代えて言うならば「**企業の社会的責任**」(CSR= corporate social responsibility)**とミャンマー少数民族の農民たちの暮らしを直結させてしまえ**という試みを行っているわけである。すでに楮や綿花の契約栽培はようやくにして序の口に入ってきたが、ここでゴマ栽培もその一翼に入れようという試みを悪だくみしている。

もちろん言うは易しで、その実現は容易ではない。しかし、物事という物事はやってみなければ分からないという挑戦的な飛躍が要る。このゴマ栽培も時間はかかるが、やってみる価値は十分にあるだろう。何故なら、**ミャンマーは世界有数のゴマの産出国**なのだから。これはゴマスリで言うのではない。本当に適地なのだ。

そういう訳で「悪だくみオヤジーず」の片割れである僕は、朝方までヤンゴンにいたのに、夕方には「ドラえもん」のテーマ・ソングよろしくバンコクを経由してメソットに降り立っていた。ドラえもんのように簡単にはいかず飛行機を使わなければならないが、これぞオヤジ版の「どこでもドアー」である。

なんだ、この疲労感は？

朝起きてトイレに立ったら、立つことができない。仕様がないので座って用を足したら、そのまま血液だろうという**真っ赤な血尿**が出てきた。おまけに今まで見たことも無い蛋白の塊まで出てきた。**ついに来たか**という思いで頭が冴える。

メソットやカレン州での一部始終は無難に消化したということで、詳細は別の機会に譲りたい。ひとつだけ寂しかったのは、かつてＪＶＣ（日本国際ボランティアセンター）の同僚であり、メソットでは長年にわたってＳＶＡ（シャンティ国際ボランティア会）の所長を勤められてきた小野さんが任期を終えて日本に帰ることになったことだ。お互いに忙しいので中々会う機会は無かったが、メソットに行けば彼がいるということに安心感を覚えていた。今回、折り良く運良くで、その小野さんの送別会に出ることができた。

これまたＪＶＣの元同僚で、今はうちの農業プロジェクトの総指揮を採るコメンさんと一緒に連れ立ってトイレに立つと、「いやあ、小野さんはいつまでも老けないし、落ち着いた紳士だよねえ」と感嘆している。僕は「本当にそうだよね。**僕なんか最近めっきり老け込んできたし、また痩せちゃったし、なんか最近身体がフラフラしてるんだよねえ**」と言うと、「本当だ。お前とは大違いだ」と言って高笑いする。自分でそう思っているだけに、ふざけるな、である。

経由地となったバンコクでは、一緒にカチン州を歩き回った某新聞社の特派員記者がわざわざ帰国の挨拶に来てくれたが、それも寂しさを倍加させた。「え!?もう帰っちゃうんですか？　また一段と寂しくなりますねえ…」

そうした仲間達との別れがいけなかったのか、メソットからチェンマイまで自分で移動したのもいけなかったのか、この異常な疲労感は経験してみなければ分からない。**倦怠感ではなく疲労感、そして今まで無かったような頻尿**である。しかし、前向きに考えてみれば、ちょうど折りよく大都市チェンマイにいるではないか。**病院に行こう**。仕方なく便器から重い腰を上げて市内の一番大きな病院に足を運んだ。

チェンマイの病院にて

病院では日本語の通訳を頼んだ。親切で人柄の良い日本人男性だ。尿検査や血液検査を経て診察室へ。医者も穏やかそうなタイ人のおじさん先生だ。

「ひょっとして**最近フーゾクに行かれましたか?**」試合開始早々にあわや先制点のゴールを決められそうな質問である。

「風俗ですか。**物凄い風俗になら浸っていましたが、フーゾクには行ってない**ですね。」

「はあ?どういうことですか?」

フーゾクと言われてからかいたくなってしまい、ついつい通訳泣かせなことを言ってしまう。

「いえ、ね、**火縄銃を撃って踊る輪の中でどぶろくをストローですすったり、獲物を捕まえると雄たけびをあげたり、パワー・ストーンで赤ちゃんの名前を決めたりとかする風俗**に浸っていました」。真面目で優しい通訳さんはそれをちゃんとタイ語に訳しておじさん先生に伝えている。おじさん先生は変なものでも見るような眼で僕を見て、「**こいつ馬鹿か**」という顔をして笑い出した。

「あの、つまり、通常の、いわゆるフーゾクには行っていないということですね。」

「はい。まあ、そういうことです」

「あのお、それでは、**大変衛生状態が悪かったりとか、普段食べないようなものを食べたり**しませんでしたか?」

「それなら自信があります。風呂場も寝床も汚いし、**こんなの食べてもいいのかなあ**ってのばかり食べてましたから」

「検査の結果、判明したのですが、おたくの病気は**細菌性の腎臓障害**です。白血球が非常に多く検出されていて、**腎機能が著しく低下**しています」

「え！肝臓じゃなくて？」

「肝臓じゃありません。腎臓です」

「いやあ良かった！僕は多分ね、**倒れるときは絶対に肝臓だって思ってたんですよ**。肝臓じゃない。いやあ、それは良かったです」

「あのお、ちっとも良くないんですが、兎も角もお薬を出しますので、まずはそれを服用して様子を見て、また五日後にいらして下さい」

「分かりました。ありがとうございます。で、最後に確認しておきたいことがあるんですが、**お酒は呑んでも良いですかね？**」

おじさん先生、「こいつ馬鹿か」という顔をして笑い出した。

忘れ物を取り戻せ

バンコクのミャンマー大使館へミャンマーのビザ申請に行くと、**チェンマイにパスポートを忘れてきた**ことに気付いた。慌てて取り寄せて何とか翌日申請。このところ、こういうお馬鹿な忘れ物ばかりが続く。

血尿は薬でピッタリと止んだので、病院の再診には行かなかった。これからヤンゴンに入るので病院で出されたのと同じ薬を薬局で買い求め携帯することにした。病院の診察費と薬は五千バーツもかかってしまったが、同じ薬を薬局で買い求めたら五百バーツだった。

チェンマイでは、北シャン州ラショーで農村開発を行っているCBO (Community Based Organization) の友人が来ていて、うちの紙工房を視察したいと言ってきたので、建設中のうちの紙工房の他、稼働中の別の会社の紙工房を併せて視察した。でき上がった紙を見て「あ、この紙、中国商人が中国に送っている芥子(オピウム)の袋の中に入ってるのと同じ紙だ」と言う。なんという正直者だ。中国商人は紙を混ぜて芥子の分量を偽っているのだろうが、ともあれ、**中国はミャンマーから麻薬を入れている**ということになる。中国共産党は自国の少数民族には滅法厳しいが、**同族の商売人に対しては実にいい加減**なものだ。

「シャン州で紙を作って、その中国商人に売ってやれ」と言うと、

「分かりました。裏を取るんですね」友人は飲み込みが早い。

そのチェンマイで、ビルマ少数民族勢力のリーダー達と中国の少数民族問題について話し合った。かの国の少数民族への弾圧は言語を絶する苛烈なもので、リーダー達は少数民族という同じ立ち居地から同情と哀悼を惜しまない。

かの国には、そういう忘れ物がある。

忘れ物は取り戻さなければならない。

取り戻せない忘れ物

「どこでもドアー」を開いて**ヤンゴン**へ。そして、今度は、乗り継ぎで待っていたバンコクの飛行場で、**チェンマイに財布を忘れてきた**ことに気付いた。なんというお馬鹿続きだ。こればかりは取り戻せない。もっとも忘れたのはミャンマー用の財布で、タイで使っている財布は持ってきた。財布が無いわけではない。前向きに諦めようではないか。

ヤンゴンで最初にやったのは、うちの会計整理とタイのビザ申請。また、大使館回りである。本当に大使館ばかり行っている今日この頃。**タイの入国が厳しくなっている**ので仕方なくのビザ申請。陸路でタイへ入る際、これまでは十五日間のビザ無し入国が認められていたが、今はできなくなってしまった。つまり、陸路でタイへ抜けるためにはビザが必要ということになったわけだ。その上、空路のビザ無し入国も近々無くなってしまうのだとか。やれやれ、タイは厳しくなる一方だ。

タイ大使館の受付の女の子に「サワディー・クラップ」と挨拶したら、ミャンマー人だった。「あんた、何言ってるの?」という顔をされてしまった。おまけに「おたくの場合、領事に確認を取る必要がありますので、**今日の午後三時にまたいらして下さい**。そこでインタビューを取ります」

と、朝早くから大雨の中を並んで待った甲斐が一挙に消え失せてしまった。

午後三時過ぎにタイ大使館へ戻り、今度は「ミンガラバー」と挨拶した。結局インタビューは無く、審査は無事通りましたと一方的に言われ、「手続き上、ビザの発給は明日になりますから、**明日の午後一時半過ぎにまたいらして下さい**」また来るのかよ…。大汗かいて戻った甲斐が一挙に消え失せてしまった。

折角なので、では今から銀行の用事を済ませようと提案したら、相棒から「無理ですよ。だってパスポートはタイ大使館に預けたままなんですから」そうだった。パスポート無しでは取り引きができないのだ。これも一括却下。これまた取り戻せない。

バケツを引っくり返したような雨が続くヤンゴンの道路はいたるところで浸水が著しい。水溜りに歩くのも難渋するほどだ…。

ブッダガヤ寺

翌日は、朝から**ヤンゴン市内にあるブッダガヤ寺**を訪れた。待ち受けているのは盟友アシン・ヴァヤマである。彼は僕とは大変長い付き合いの仏教の僧侶で、**軍事政権時代には政権を批判した嫌疑で十年間も刑務所に**入れられていた。出所してからは主にタイを拠点にマハチャイというミャンマーの低賃金労働者が暮らす町の中で労働者達の精神的拠り所となりながら民主化グループの支援やミャンマー国内の災害支援、サフラン革命*で逃げ出してきたミャンマー人活動家僧侶などを保護するなどしてきた奇特な僧侶である。

かつてイラワディー・デルタ地帯でナルギス・サイクロンの被災者支援を行った際に僕が投獄された時にも彼が一緒だった。タイのミャンマー大使館でビザ発給を停止する旨を通告された時も彼が一緒だった。僕が二〇一二年八月にブラック・リストを解除され、アウン・ミン大臣に呼ばれてネピドーへ赴いた時も彼が一緒だった。そして、かつて「四方僧伽」で創めた**無利子の小規模融資を行う「仏陀バンク」**も彼と一緒に行い、今では**ミャンマー国内に二三の支局を持ち、総額三百万円以上の原資を循環しつつ小規模融資による貧困層の相互扶助**（起業支援など）を行っている。原資は仏教徒信者からのお布施が充てられている。**利用者の返還率は百パーセント**を誇る「仏陀バンク」の老舗中の老舗である。その返還率の高さはそのまま彼の人徳の高さを示している。

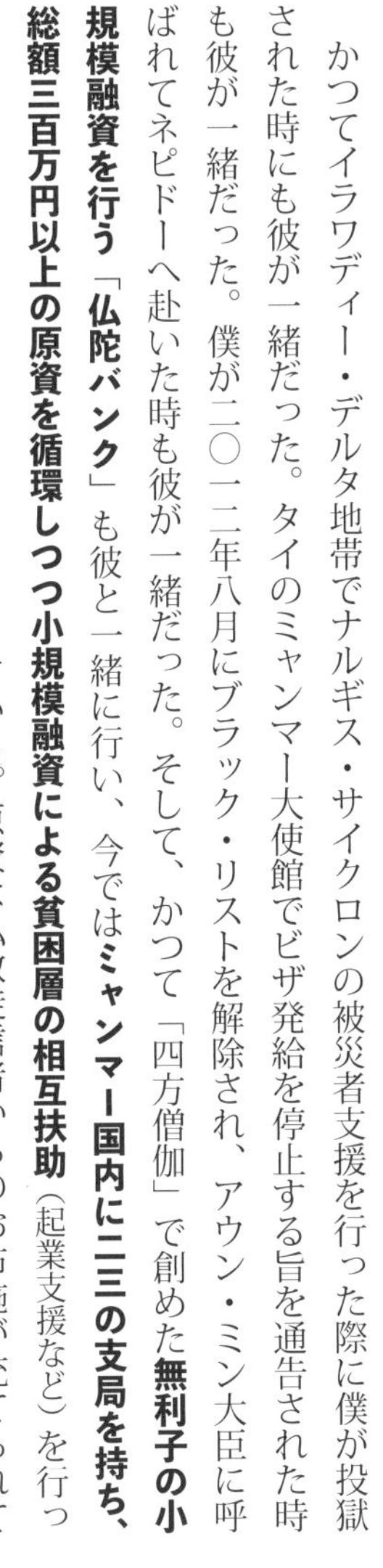

アシン・ヴァヤマ（右）

ブッダガヤ寺はヤンゴン市の繁華街の中にあり、境内にはインド・ブッダガヤの仏塔を模した同形の仏塔建設が進められている。言わばこの寺の象徴である。最長老の住職はインドのブッダガヤ寺にミャンマー代

＊サフラン革命…2007年に勃発したミャンマー反政府デモ。燃料価格の高騰などに対する抗議活動で、僧侶数千人がこれに参加し弾圧された。サフランは僧衣の色に由来。

表僧侶としてお住みになられているため、普段は副住職格のドクター・トウンダラ師がお住まいになられているが、アシン・ヴァヤマもかつてこの寺で修行をしていた経緯があり、住職や副住職とは昵懇の仲である。ヤンゴンに赴いて来た時には彼はこの寺を根城にしている。

今回、このブッダガヤ寺から嬉しい知らせがあった。それは、僕が今行っている日本兵のご遺骨捜索に関連している。北チン州のゾーミ族が日本軍の残していった遺品を返還する旨を表明したことはすでに述べたが、その他の地域でも色々な遺品が出土している。しかし、**持ち主の分からない遺品はどこにも持って行きようがないし、銃剣などは銃刀法の問題があって日本への持込みが難しい**のだ。こうした行き場の無い品々をどうするのかについて日々頭を悩ませてきたのだが、この**ブッダガヤ寺が境内にある一棟の建物を寄贈**すると言うのである。

私をラショーに連れてって

「あたしもここのスタッフの一員なんですから、ラショー（北シャン州）のワサビ農場に連れて行って下さい。活動地を見るのはあたしの義務でもあるはずです」

ヤンゴン事務所で僕の斜め向かいに座るうちのミャンマー人女性スタッフが訴えてきた。彼女は、うちの団体が政府承認を受けたのと引き換えにやって来た**ミャンマー政府からの預かり者**である。年の頃は僕の長女と同じ歳なので、僕にとっては子供のような存在なのだが、**僕の行動の**

一部始終を某政府高官や諜報部に垂れ流しにしてくれる有り難い存在だ。もっとも贔屓目に言えば、時間にルーズながらも、歳も若いだけあってまだ素直でフランス語や英語も堪能な優秀な娘である。贔屓目に言わなければ、融通の利かない気の強い子娘でもある。僕は若かりし頃、女性というものはか弱い存在だと信じ込んで生きてきたのだが、振り返ってみれば、**この世でか弱い女性というものにトンとお目にかかったことが無い**。女性は国籍を超えて強いのだ。そう考えれば、彼女も許容範囲ではないか。乗り越え難い距離感はあるものの、政府目線ではない目線というものを少しずつ教え込み、部下として可愛がってあげなければならない。

が、しかし、できれば現場には連れて行きたくない。黙って、事務所で事務仕事に精を出していて欲しい。政府関係の仕事であれば、元々そちらの人間なので（そういう意味では実に使える部下なのだが）、ヤンゴンでもバゴーでもネピドーでもどこへなりと出向かせて良いのだが、現場では少数民族が働いているのであんまり見せたくはないのだ。**別に悪いことをしているわけではないのだが、一々報告されると、一々厄介な話の種になってしまう**のを恐れる。ラショーのワサビ農場で働くパラウン族の田舎っぺ三人衆の指導に行こうと思っていた矢先に言われたこの訴え。さて、どうしようか？

「最低でも一度は行きたいんです」

梃子でも動かないぞという顔をする部下。困った小娘である。

「そうだなあ。よし、分かった。そのうちに一度は行ってもらうことにしよう。しかし、その前にだ、お前、ちょっとタイに行って来い。向こうで人を付けてやるから」

きょとんとする部下。

先々月にカレン州のうちの農学校で行った指導者向けの研修に彼女も参加させる予定だったのだが、目と鼻の先のミャワディまで来たところで食あたりを起こしてしまい、結局不参加のままヤンゴンに引き返させた経緯がある。どうせ見せるのなら、まだ着工中のワサビ農場よりも完成している農学校を視察させた方が良い。あそこはカレン民族同盟の実効支配地でもあるし、あそこへ入るためにはタイを経由した方が便が良い。それに、ちょうど今、うちの農学校は第二期目（六ヶ月間の）の研修コースを開いたばかりだ。

目を輝かせる部下。

「よし、そうと決まれば、即行動だ。**今からタイ大使館に行って来い**」

チェントン

部下をタイ旅行準備に追いやってから、僕はどこでもドアーを開いて**チェントン**（チャイントン）に降り立った。いきなりラショーに行かないところが味噌なのだ。僕は週末の小旅行に休暇で行ってくると言い残してヤンゴン事務所を出てきた。この町はタイのチェンマイとは妹都市（二〇一三年九月から）であるが、**都市と呼ぶにはちょっと抵抗感があるほどの静かな田舎町**である。町は盆地の中央部に位置するナウントーン湖を中心に広がっている。

ここは、かつて麻薬で名を馳せたゴールデン・トライアングルの中心地。麻薬の集散地であったため、昔は外国人が入ることは許されなかった。今では誰でも入れる観光地となっているが、**観光地と呼ぶにはちょっと抵抗感があるほど取り立てて見るべきものもない**。付近に温泉が湧いているが、今は雨季なので四輪駆動車でなければ行けないそうである。

僕と相棒は空港で待ち受けていた車に乗り込み、ゆっくりとチェントンの町並みを見て回った。運転手はタチレク出身の若いハンサムなビルマ族の男性で、国内大手の航空会社であるカンボーザ航空に勤めている。今日は休みということで、アルバイトで運転手になってくれた。

僕らはここに遊びに来たのではない。**チェントンからタイ国境のタチレクへのルートはシャン州とタイを結ぶ大動脈**であり、僕らの農産物をタイ側へ出荷する際の重要なルートとなる。シャン州には希少なもち米があり、これからミャンマーで行う「育苗・育種センター」の目玉のひとつである。赤米や黒米だけでなくピンク色をしたもち米もあるそうだ。そうした希少種をうちのセンター（農場）で育苗・育種する予定なのだ。そして、もうひとつの目玉がこの付近一帯に自然に繁茂する楮（こうぞ）である。僕らは今、タイのチェンマイに紙工房を建設しているが、その紙工房で作る紙の原材料供給地のひとつとしてここを考えている。それは、この付近の農家の副収入にもなっていくだろう。

車は綺麗に整地された棚田や楮の分布具合を確認しながらタチレクへと南下した。**タチレクはタイとの国境の町**であり、農産物をタイへ輸出する際には、そこにある入管と税関を通過しなければならない。輸出手続きを確認するため、ミャンマー入管に勤める知人に会いに行く次第なのだ。

すぐそこに見えるタイランド

暮れなずむタチレクの町の光と影の中、僕らはミャンマー入管の友人の車に乗って眼下にタイの町・メーサイが見渡せる小高い丘の上のレストランへやってきた。

すっかり**形勢が逆転したな**と思う。ブラックリストだった頃の僕は、メーサイには何度も足を運び、すぐこにあるタチレクを恨めしそうに何度も何度も眺めたものだ。その他の国境地帯を歩き回った時もすぐそこにあるビルマを何度も目にしてきた。それが今やビルマ側からすぐそこにあるタイランドを見るようになったのだから。

ところで、どうして僕にミャンマー入管の友人がいるのかというと、それは去年（二〇一三年）の十一月のことにさかのぼる。あの時、僕はカチン州のライザとミッチーナで行われる少数民族サミット会議、そして、ミャンマー政府と少数民族全勢力との停戦会議に向け、UNFC（ビルマ統一民族連邦評議会）のメンバーを連れてメーサイからタチレクに入ることになった。否、なってしまったというのが正解であろう。参加する少数民族メンバーの中にはブラックリストも含まれていた。**彼らブラックリストのリーダー達が、国境地帯どころか国境を遠く跨いだカチン州へ行くというのは少々以上の勇気と賭けと保障が必要**だった。その上、カチン州ではＵＮＦＣ加盟グループである「カチン独立機構（ＫＩＯ）」が政府軍との間で激しい内戦を継続している最中だった。ライザはＫＩＯの首都機能を果たす中核地である。彼らＵＮＦＣリーダー達の白羽の矢はある意味当然ながら僕に突き刺さった。一緒にカチン州まで行ってくれと言うのである。それはもはや**ボディ・ガードを超えた「人質」**である。何故なら僕は最初から丸腰なのだから。苦笑するしかなかった。

しかし、ミャンマー政府は、テイン・セイン大統領の大方針の下に少数民族勢力との全土停戦合意を目指そうとしている。政府がそうであっても、国軍が必ずしもそうではないところが全土停戦実現を阻んでいるという事実があるとしても、兎も角もミャンマー政府は反政府側に立つ少数民族勢力との全土停戦を目指している。従ってそこはある程度大らかにならざるを得ない事情があった。

「どうしてお前（日本人）**の名前がリストに入っているんだ?」**との強いお叱りをミャンマー政府から直々に頂戴したが、先の読みはどうやら正解のようであった。「**僕が行けば彼らは行き**

ます。僕が行かなければ彼らは行きません。それだけのことです。後のことはすべてそちらにお任せします」

僕は結局、名簿リストに「UNFCコンサルタント」と記されたまま彼らとの同行を許されることになった。僕は自画自賛でこれらのことを書かない。ただ、そこで起きた事実をのみ書き残しておきたい。あの経験は、僕を風に吹かれる「柳の葉」或いは「風車」に変えてくれたようだ。僕は**坊さんが坊さんでいるよりも遥かに有り難い修行を頂いた**と思っている。「**覚悟とは　風に吹かれる　風車**」、いつか後の句を誰かに詠んで欲しいものだ。

僕は「自ら計らわぬ」生を生き通し、あの「東京裁判」で、**自然に生きて自然に死を迎えた我が郷土の大先輩、広田弘毅氏**を心から慕う。今度福岡に帰ったら、福岡市の水鏡天満宮の南の鳥居にある大鳥居に額ずきたい。大先輩は日記を残さなかったが、僕は日記を残しておく。外交官ではなく、民間の卑賤の身に過ぎないから。

彼らブラックリスト・リーダーにはパスポートも無ければＩＤカードも無い。**保護しているのはタイ軍諜報機関**である。そのタイ軍諜報機関がメーサイで彼らの身柄をミャンマーの入管に引き渡す。僕はその身柄の中に含まれることになってしまった。彼と会ったのはその時である。彼は単なる入管職員ではない。あの時、彼は僕の賭けを理解し、僕は彼の労わりに感謝した。

タイ・バーツだよ、タチレクは

タチレクはミャンマーの一主要都市でありながら、タイの通貨(バーツ)しか使えない。恐るべしミャンマーである。市内では、ミャンマーの通貨であるチャットは全く使えないことに驚いてしまった。タチレクでお金を使う場合は、市内の両替屋でチャットからバーツに換金しなければならない。ちなみにメソットの対岸にあるミャワディ（ミャンマー側）では、チャットとバーツの両方が使えるのだが、何という不便さだ。

「なんでここではバーツしか使えないの？」との問いに入管の友は、

「ここの**商売人達がタイ・バーツしか認めない**から仕方無いんだ」と答えてくれた。

しかし、私的にはちょうど良かった。今回、ミャンマー用の財布は忘れてきたが、タイ用の財布は持ってきているので若干のタイ・バーツがある。どうやら両替はせずに済みそうだ。

「そう言えば、昨日までアウン・ミン大臣一行がここに来てたんですよ」と、入管の友。

「**うん、知ってるよ**。南シャン軍と話し合いをしに来たんでしょ」

実は、その他に大臣一行はカチン軍のグンモ将軍とも会っているのだが、ここに彼らが来た目的はそうしたミャンマー国内の少数民族問題（全土停戦）の調整だけではなかった。先だって革命を起こしたばかりのタイ軍事政権と会合を持つ目的を兼ねてきていた。近く、タイ軍事政権は現ASEAN議長国のミャンマー、テイン・セイン大統領をタイへ招き、今の軍事政権がタイの正当な政府であることをASEANで承認させるという工作を図った模様である。それは、すなわち、この軍事政権が長期政権を考えていることを物語っている。それと引き換えに、タイ軍事政権はビルマ少数民族勢力との和平プロセスに協力する旨を交し合った。

もっともビルマの少数民族勢力側にとっては、そのお陰でタイ側でミャンマー政府との全土停戦案件や和平プロセスについての会合や集会を行うことができるので、その点では大いに助かるという一面もある。今の**タイ軍事政権は、五人以上が集まる政治的集会を禁止**しているからだ。

五人以上の集会を禁じるというのは、**かつてのミャンマー軍事政権が採った政策と全く同じなのだが、なんというブラック・ジョーク的な逆転現象**だろう。

ミャンマーとタイ

「タイに入ってみるかい？」と入管の友が気さくに言い出す。

ミャンマー入管の車に乗れば、何のチェックも無しにタイ側へ入れるそうなのだが、僕は「いやいや、**僕はソフト路線に切り替えた**のでそんな真似はできる限りしたくないんだ。それに、今、タイ側に入ったところで別段何をするという訳でもないからね。気持ちだけ有り難く頂くよ」と返答し、彼とはミャンマーからの農産物の輸出とタイへの輸入手続きについての具体的な話に入った。

彼の仕事は実に多い。ミャンマーからは沢山の出稼ぎ人が毎日毎日国境を越えてタイに仕事に行っているが、中には非合法に入国する者も多い。そうした人たちがタイの警察に捕まって強制送還されてくると、彼の出番となる。その上、タイが軍事政権になってからは、国境の取締りが一層厳しくなり、**合法的にタイに入国しているミャンマー人に対して尿検査まで強制**するようになってしまった。タイにとっては所謂、麻薬の取り締まりの一環なのだろうが、ミャンマー人全員を検問に並ばせて尿検査までするというのは行き過ぎではないのかと彼は憤る。同じように国境を越えてミャンマー側（タチレク）に入ってくるタイ人には、そのような処置は全くなされていないのだから。「もしタイが、このまま尿検査を続けるならば、**ミャンマー側もタイ人に尿検査を施すべきだ**」という彼の言い分は筋が通っていると思う。

先日、うちのヤンゴンの事務員をタイに行かせたのだが、タイ大使館でのビザ申請には、観光ビザであっても、ミャンマー人の場合は銀行の通帳提示や所持金の確認ばかりか家や車などの財産証明まで提出しなければ発給してもらえないという困難さである。日本人である僕は、そのようなことを要求されたことは一度も無い。個人レヴェルのビザ発給にすら国力の差というものが影響しているのだろうが、同じ人間として、わだかまりが残る。

違う世界を知っている人と知らない人

彼とは、少数民族を含め、**今後のミャンマーには新しい産業が必要**だという点で頷きあった。彼は言うまでも無く政府側の人間であり、したがって、かつては反政府側に立つ少数民族勢力と戦ってきた人間である。**戦闘によって幾人もの仲間を失ってきた**と言う。

「しかし、僕はもう**そういう過去は忘れたい**と思っています。ようやくこの国が平和になろうとしている時なのですから」

全土停戦は何としても達成すべきとの意見も一致している。しかし、**停戦してから後がもっと大変だ**という認識も一致している。

「難民を帰還させると言っても、政府がそれをどこまで支援してくれるのでしょう。僕は、彼らをとりあえず帰したら、はい、それまでよ、で終わるんじゃないかと思ってしまうんですよね。だって、ミャンマーの場合、少数民族の数が多過ぎます。**一口に帰還難民と言っても、中国国境からラオス、タイ、インド、バングラデシュと五カ国に跨っている**んですよ。彼ら全員に均らな支援を施すなんて今の政府にはとても無理でしょう。国際社会からの十分な支援があれば別ですがね。否、仮に国際社会からの支援があったとしても、その規模も内容も膨大なものになりますよ。例えば、シャン州の場合、難民がシャン州に帰ったとしても、そこにいる国軍は彼らのことを元々は反政府側の人間だったんだとみなしてしまうでしょう。だから、帰還者たちはそこで国軍を恐れなくちゃならない。その上、南シャン軍とワ州連合軍という二つの少数民族勢力は互いに対立している。シャン族の場合、さらにそこにいるワ軍まで恐れなくちゃならない。これじゃあ、先が思いやれますよ…」

「僕も全く同感ですよ。今のこの一応の和平路線が続けば、国際社会からの支援は心配しなくて良いでしょうが、国際社会はその辺の実情を把握しておく必要がありますね。特に紛争地帯や紛争が潜在する地帯で活動する場合は、身の危険と隣り合わせになりますし、しかし、それと同時にその存在自体が紛争を防ぐ提防になることもできますから。僕はこれまで色々な避難民キャンプや難民キャンプを見てきましたが、彼（女）らが本当に自分達のいた村に帰りたいかというと決してそうではない。キャンプに来て、子供の通う学校もできた。何がしかの現金収入を得る生業にも有りつけた。貧しいながらも当面の生活に支障はない。そうなってしまうと内戦で何も残っていない自分の村に帰ろうとは思わなくなってしまうんですよね」

「彼（女）らがどこに帰りたいか？ どこに住みたいか？ それが優先させるように持って行かなくてはなりませんね」

「全く同感です。しかし、彼（女）らだって、いつまでもキャンプにいるというのは長い目で見れば非現実的です。**国が平和になれば、外からの支援はやがて入らなくなる。いつかは自力で**

立ち上がらなければならない。そのことは見えているはずです」

結局、時間はかかっても、**その土地土地に合った産業を興していくべき**だということで僕らは頷き会った。それにしてもミャンマー政府側の人間とここまで突っ込んだ話しができるとは有り難いことである。こういう話しができるのは、彼がかつて戦場の兵士としてどん底の経験をしている上に、入管の仕事に関わることでミャンマーとは違う世界のことを知っているからだと思う。

三マイ・トリオ

翌日、どこでもドアーを開いてラショーに降り立った。タチレクの飛行場までは運転手に雇った彼が運転するカンボーザ航空の車で乗り付け、そして、乗る飛行機はヤンゴン・エアウェイズという別会社。

もう毎度お馴染みとなったラショー空港の入管を抜け、待ち受けていた車に乗り込み、まずは宿にチェック・イン。そして即座に踵を返してワサビ農場へ。田舎っぺ三人衆ことマイ・チョー・セイン（23）、マイ・ソー・アェイ（28）、マイ・アイ・ヌー（18）が休憩小屋から手を振る。パラウン族は男性の場合、必ず名前の頭に「マイ」が付く。「ミスター」の意味だが、最近はラショーの生活にも慣れてきたようで、**多少垢抜けもしたので**「**田舎っぺ三人衆**」**の呼称は取りやめて**「**三マイ・トリオ**」**と呼びたい**。

前回ここに来たのは北チン州へのご遺骨検証調査に行く直前だったので、しばらくご無沙汰していた。三マイ・トリオはとても元気そうで、僕がいない間、相棒の指図を受けて農場を綺麗に整備してくれていた。ここに新たに長野県から持ち込むワサビの苗を植えることにしている。肝心の水は、近くに新たに掘った井戸から湧く冷たい湧水を使う。その湧水を引く水路の整備もほぼ終わった。農場は、これから日陰を作るためのカンレイシャを敷く支柱建ての工事へと推移するところだ。**一見すると普通の農地だが、この地中には水捌けを良くするために地中一メートルの深さに大小の石が敷き詰められる細工が拵えてある。**あとは、ワサビ苗の到着を待つばかりだ。ワサビの苗はこれから少しずつここで増やしていくので、余った農地は隣の学校の子供達の給食用の野菜を育て始めた。ちなみに隣の学校は僕の地元の福岡県筑前町・中牟田小学校と朝倉市・馬田小学校が、こちらの新学期が始まった今年六月から毎月一度の給食支援を行っている学校である。そう思うと、とても身近に感じてしまう。

子供達の賑やかな声が空に木霊(こだま)している。

夕餉の席で

夕食にはラショー市内の中華料理屋で三マイ・トリオ

と三人の隣の学校の先生(指導員)を招いた。中々会えないので、こうした夕餉の席が貴重なコミュニケーションの場になる。先生のうちの一人はタイのメソットにいたことがあるそうで、この間までメータオ病院で働き、その後半年ほど延長してうちのタイの財団の医療プロジェクトで働いていた前川さん(日本人看護師)の友達だと言う。片言の日本語はその前川さんから伝授されたものだとか。実に陽気な青年であった。

うちの三マイ・トリオの最年少スタッフ、マイ・アイ・ヌーは今年から東京の大学に通い始めた僕の長男と同じ歳ということもあり、私的には可愛くて仕方が無い。彼の両親のことを聞いてみたら、

「僕のお父さんは僕が五歳の時に亡くなりました。その後、お母さんも亡くなりました。僕は今年八十歳になるお婆ちゃんの手で育てられてきました」

聞いてはならなかったことを聞いてしまったかなと申し訳なく思っていると、続けて、

「今、**頂いている給料は全部お婆ちゃんに仕送り**しています。お陰でお婆ちゃんはとっても喜んでくれて、だから僕もとっても喜んでいます。ありがとうございます」という驚くべき返事。

「**お前は偉い！**ここにいるこのおじちゃんより偉い！」

聞くと、他の二人も同様に給料は全額田舎に送金しているとのこと。もちろん、ここでの賄いは全部こちらで面倒を見ているのだが、それにしても全額を田舎に送り、家族が喜ぶ姿を喜ぶ青

年達に、僕と相棒は感動と同時に深い反省と彼らへの責任の重さを思った。

「お前達な、三人いるんだから、ローテーションを組んで、**月に一度くらいは田舎に帰って家族に元気な顔を見せて来い**」

行き場の無い「ロヒンギャ」難民達と

それから僕は飛行機という名の「どこでもドアー」を開いて、ラショーからヤンゴン、バンコク、ハジャイ、チェンマイを経て日本に一時国した。東京や福岡で懐かしい仲間達や家族に会い、そのまま踵を返して**南タイのハジャイ**へ向かった。

ハジャイ一帯は**タイからの独立を志向するイスラーム勢力**がおり治安は決して良くない。しかし、タイが軍事政権になってからは取締りが一層厳しくなったこともあって治安状況はかつてより良くなっている。言うまでも無いことだが、南タイは圧倒的にイスラーム教徒が多い。しかし、その大半は平和的な一般市民である。ハジャイから車で一、二時間も走ればイスラーム教国マレーシアとの国境に行き着く。

僕はもうかれこれ十五年来の盟友関係にあるタイのチャリーダ女史と共にマレーシア国境に程近いサダオの町へ赴いた。そこでチャリーダの友人である中国系マレー人のヤップさんに会い、その二人を介して南タイのイスラーム・ネットワークの代表者イスマイルさんを紹介された。イスマイルさんはもちろんタイ人であるが、この**タイのイスラーム・ネットワークが南タイに逃げ込んで来る難民達の毎日毎度の食事の世話を行っている**のだ。経費はもちろん彼らの負担であるが、一週間の食費だけで六万バーツという金額に驚くとともに、ここにはそれだけ多くの難民がいるのだということに改めて驚く。

彼らが世話をしている難民とは**ロヒンギャ**である。彼らロヒンギャ難民が特殊なのは、**彼らには行くべき第三国も無ければ、帰るべき本国も無い**ことだ。つまり彼らはこの世界中のどこにも行き場の無い難民なのだ。南タイへ逃げてきたロヒンギャ難民はタイの入管管理局の収容所に入れられたまま空しい時を過ごしている。ただひとつ幸運なことと言えば、ここにはイスラーム同胞意識をもつタイのイスラーム・ネットワークがあることだ。と言うよりも、彼らは**イスラーム同胞のいる場所を目指して逃げて来ている**のだ。

現地の入管収容所は、基本的には雇用条件の問題などでマレーシアから逃げてきた隣国のカンボジア人労働者やミャンマー人労働者、ラオス人労働者達を想定しての収容所である。そこに**想定外だったロヒンギャ難民が大挙して押し寄せて来る**のだから入管はたまったものではない。しかし不法入国であるから、入管は彼らを収容しなければならない。収容しなければならばいが彼らロヒンギャの食費などの予算など最初から計上されていない。タイ政府は彼らロヒンギャに対し一日辺り二十バーツの飲食費の臨時予算を決定したが、現地の入管収容所の所長によるとその予算はまだ下りていないとのことだ。

チッタゴン丘陵地帯問題考察

ミャンマーではロヒンギャ問題は、特に外国人にはアンタッチャブルに近い。**現政府も反政府少数民族各勢力もこれだけは一致団結してロヒンギャを、ミャンマーの先住民族として基本的に認めていない**。ロヒンギャが最も多く流入しているのはアラカン州（ラカインともヤカインとも言われる）である。アラカン州ではアラカン族とロヒンギャの対立が深刻化して久しい。それはもう歴史的なものであると言っても過言では無い。アラカン族が仏教徒であり、ロヒンギャがイスラーム教徒であることから、その対立は今日では仏教徒とイスラーム教徒との対立として世に表面化されている。最近も「国境無き医師団（ＭＳＦ）」がアラカン州での活動を停止させられたように、先日になって再度の活動許可が下りたもののその活動の詳細は未だ何もハッキリとしていないように、またＷＦＰ（世界食料計画）の倉庫が襲撃されたように、**外国による支援は引き続きアンタッチャブルな状況**が現在も続いている。

昨今の仏教徒による暴力沙汰について「非暴力」たるべき仏教徒が暴力を用いるとは何事かという外部からの批判もあるが、当のアラカン族にとってみればそんな思想論や原則論を語っている場合ではない。なぜなら、**新たに流入してきたり、若しくは一夫多妻制により爆発的に人口が**

増えるロヒンギャ達は、いつの間にか自然勝手にアラカンの土地に住み増えてしまうからだ。アラカン族にとってみれば勝手に自分達の土地で膨張するロヒンギャに「俺達の土地から出て行ってくれ」と言っている。そういう次元の問題なのだ。

ロヒンギャとはベンガル人のことである。元々は英国がビルマ（ミャンマー）を植民地にした時にベンガル人を労働移民として入植（サミンダール政策）させたことに最大の問題がある。より正確を期して言えば、事の起源はかつてこの地一帯を統治していたアラカン王国（ミャウウー王朝）が一七八五年にビルマのコンバウン王朝に征服されるのだが、その時にミャウウー王朝（一四三〇～一七八四年）に使えていたベンガル人従者の末裔がそのまま残っているとか、ミャウウー王朝が招聘したベンガル人傭兵の末裔がそのまま残っているなど、その起源は混在的なものである。

しかし、**英国によるベンガル人入植政策**と、英国統治以後現在に至るまで**次々とバングラデシュ方面からアラカンに入植・流入したベンガル人達**こそが今のロヒンギャ問題の根源であることに大勢の変化はあるまいと思う。

一七八五年にアラカン王国（ミャウウー王朝）を征服したビルマのコンバウン王朝は一八八五年十一月の第三次英緬戦争によって英国に滅ぼされる。ビルマのコンバウン王朝はそれ以前に行われた第一次英緬戦争敗戦の結果、英国にアラカン王国領土を割譲（一八二六年二月二四日ヤンダボ条約）される。それ以後、アラカンは一旦は英領インドに配属され、さらに英国によるビルマの完全植民地化後、英領ビルマへと返還されるなど**自らの意思に全く関係のないところで翻弄**されてきた。

一方、バングラデシュ（当時は英領インド）では、一九〇〇年前後から発生したベンガル人の（先住民族が住んでいた）チッタゴン丘陵地帯への大量流入問題が発生している。当時、英国はチッタゴン丘陵地帯に先住していたマルマ王、チャクマ王、ボム王に英国への徴税を任せ、一定の統治権を与えることで効率的にこの地域を支 配していた。そこへ人口爆発問題を抱えるベンガル人が流入してきたため、**英国政府は一九〇〇年に「チッタゴン丘陵マニュアル」**（通称〝一九〇〇年マニュアル〟）**を制定し、ベンガル人の土地の売買や居住を厳しく制限**した。英国がビルマのアラカン州にベンガル人を入植させたのはちょうどその頃に相前後している。

話はチッタゴン丘陵地帯に移ってしまったが、英国からの独立後、紆余曲折を経て「バングラデシュ」となったこの国は、英国が定めた上記「一九〇〇年マニュアル」（通称）を無視し、**チッタゴン丘陵地帯に大量のベンガル人を入植**させる政策を取った。そこで発生した先住民族との対立と紛争が今尚続くところのいわゆる「**チッタゴン丘陵地帯問題**」である。

アンタッチャブル・イシュー

僕らはある一軒の家に招かれた。

その家にはミャンマーから逃げて来たという**ロヒンギャの青年グループ**が住んでいる。彼らはそこで匿われ、身に刻み込まれた夥しい鞭傷を癒しているところだった。彼らは海を渡ってこの地に逃げて来ている。

彼らの背後には**ブローカー集団が存在**している。**将来に絶望を感じているロヒンギャ達はなけなしの金をはたいてブローカーに頼み、船に乗って逃げて**来ているのだ。ブローカーは単独ではなく、様々な国籍（無国籍）の集団ネットワークによって繋がっており、いわばそれを生業としている裏社会集団である。そのネットワークは東南アジアから中国にまで及んでいる。南タイやマレーシアまでの脱出費用は、その時にその人によって開きはあるものの、中には**一人当たり片道二千ドルもの大金を支払うケース**もある。

支払い方法は、奪出地にいるブローカーに指定された銀行口座に前渡し金（半額から三分の一）を振り込む。脱出場所にいるブローカーには決して会うことはない。目的地到着後あるいは経由地到着の度に、船を操縦しているブローカー・グループの雇われ船長に残額を現金で渡していくのだ。目的地到着後に満額支払えば依頼人（ロヒンギャ）は無事に船から降りることができる。その後は、タイの入管に保護を希望する者、次の目的地であるマレーシア行きのブローカーに伝手を頼む者など色々である。しかし、**満額を支払えない者はどうなるのか？**

彼らロヒンギャの脱出者達は元々貧乏な者が多く、**満額支払えないことを知っていても兎に角逃げたい一心で前金だけの支払いで船に乗り込んで来る**。さて、タイの海外に到着という段になって残額を払えないことが分かると、ブローカー集団の雇われ人船長や船員に**散々に鞭打ちされ殺害されてしまうか人気の無い海で捨てられてしまう**のが常となっている。

この家に匿われているロヒンギャの青年達は全員がそのケースであった。彼らは捨てられた海岸近くの森まで来て潜んでいたところをタイのイスラーム・ネットワークのメンバーに助けられて匿われているのだ。イスマイルさん達が作っている食事はこの隠れ家にも毎日届けられている。

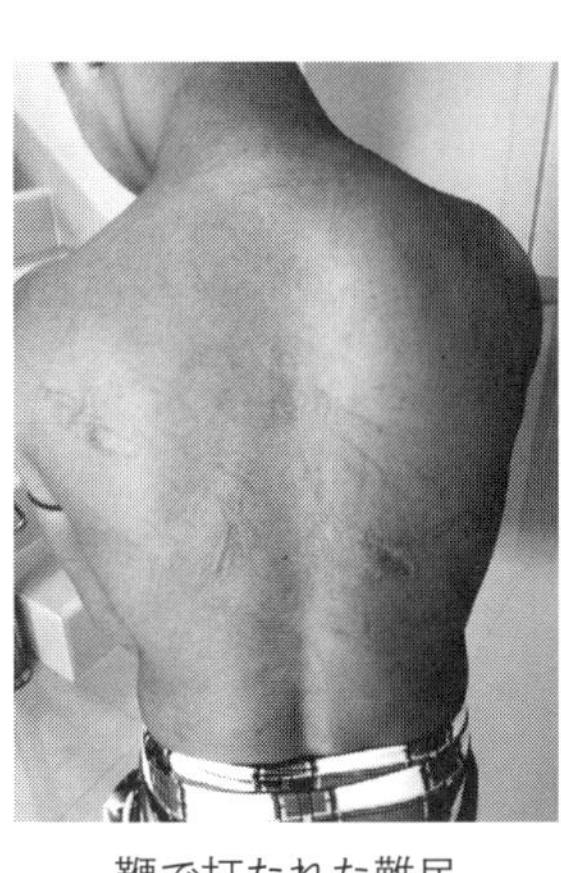

鞭で打たれた難民

話しかけてみると、どの青年も皆はにかみやの普通の青年達だ。**鞭に打たれた傷跡が生々しい**。それでも船から捨てられた挙句に善意の人々に救われ、ひとまず助かったという安堵感からか青年達は時折笑顔すら見せるが、**不法入国者である彼らは仕事に就くことなどできない**ばかりか、病院にも学校にも行くことはできない。そもそも王手を振って外を歩くこともできない。

彼らを待ち受けているのは、支援が続けられる限りここに居残り続けるか、タイの入管に出頭して保護を受けるかである。女性や子供の姿が無いことを聞いてみたら、**女性や子供達は途中で殺されるか人身売買に回されていく**のだと言う。逃げるも地獄、留まるも地獄である。

驚くのは、そして、悲しいのは、そのブローカー集団の中に同じロヒンギャがいるということ。この現象はロヒンギャだけに限らない。どの民族も同様である。彼らも元々は同じ境遇の非合法難民。その非合法難民が海賊ブローカーになって生業を立てているのだ。

ロヒンギャに思う

逃げるも地獄、留まるも地獄のロヒンギャ。彼（女）らには第三国定住先も帰還する本国も事実上存在していないことはすでに述べた。**ロヒンギャの主な居住地域はアラカン州ブティーダウンとマウンドー、そしてバングラデシュ・チッタゴン管区コックスバザール周辺のマユ国境一帯**である。つまり、**ミャンマーとバングラデシュの両国に跨りながら居住**していると言って良い。

かつてミャンマー軍事政権は、民主化運動を活発化させたロヒンギャに対し強制労働などの弾圧を加え、その結果一九九一年～九二年、そして九六年～九七年の二度にわたって大規模な数のロヒンギャが再び国境を超えてバングラデシュへ流出して難民化した。しかし、バングラデシュ政府はこれを歓迎せず、ＵＮＨＣＲの仲介事業によってミャンマーに再帰還させられている。したがって国際社会は、ロヒンギャ問題解決の責任はバングラデシュよりもミャンマーにあるとしている向きが強い。ロヒンギャ問題についてのみは現政権のみならず、反政府少数民族勢力も民主化勢力も口をつぐむアンタッチャブル・イシューとなってしまっている。

この行き詰った状況に何か妙案はないのか?

馬鹿げた空想と思われるかもしれないが、あるとすれば一案しかないだろうと思う。それは、**アラカン州の外海に埋立地を作るという案**だ。アラカン族とロヒンギャとの共存は望めない。ならば、**ロヒンギャには海に新たな埋立地を作りそこに定住させれば良い**ではないか。その場合、一石四鳥の効果が期待できるだろう。

まずミャンマー政府は、**埋立地を作ることで国土が広がり排他的経済水域も拡大**する。ロヒンギャの為と言えば、**国際社会を敵に回すことは有り得ない**だろう。埋め立てによりこの国の**ゴミ問題も一挙に解消**するだろう。埋め立て用の土は、ミャンマーには**有り過ぎて困る程の山**があるではないか。また、埋立地にロヒンギャを定住させることで、**アラカン族との対立は「棲み分け」というかたちで解消**に向かうであろう。ロヒンギャには**一定の自治権を与えつつもミャンマー連邦の一員として国家に帰属**するものとする。

次にアラカン族は、ロヒンギャが新たな埋立地に移住してくれれば最早何の不服も不満も無くなるであろう。

次に**国際社会は、ヤカイン州ではアラカン族支援を、そして埋立地ではロヒンギャ支援を滞りなく行うことができる**ようになるであろう。

最後にロヒンギャは、定住先が確保されることで**危険な逃避行をせずに済む**ようになるであろう。

五島目があるとすれば、そうなってしまえば**裏社会のブローカー集団も自然消滅へと向かう**であろう。

僕にはそれを言う資格も無ければ、実行する能力も何も無いので、単なるお馬鹿な空理空論を書いているに過ぎないのだが、一考の余地はあるのではないだろうか。

ミャンマーには「海」があるではないか。

チン州へ

丸山さんをヤンゴン空港まで見送った翌朝。

早朝四時に眠気を断ち切り、ヤンゴン空港へ。ヤンゴン空港は本当に僕らの勤め先のようだ。

空港への道中で、そして空港で、待ち合わせの面々に合流する。今回は**日本のメディア三社が同行**することになっているからだ。

もう暦は八月。八月と言えば、**日本人にとっては蝉時雨と終戦の月**。行く先は**北部チン州のテ**

ディム街道。そう、先の大戦中のあの有名なインパール作戦で日本軍第三十三師団「弓」が英印軍と死闘を繰り返した場所だ。今回は、あの戦争当時のままになっている日本兵のご遺骨調査に出かけるのだ。

前回五月に僕が現地のご遺骨を検証調査した結果、日本兵のご遺骨が確実に眠っていることが判明した。今回は**日本のメディアが初めて現地入りし、その情報を日本の皆様に伝えて頂く**ことになった。そして、僕自身は前回回りきれなかった北部チン州の南側一帯の検証調査を併せて行うことにしている。

飛行機の都合で僕らはマンダレー空港から車を貸しきってカレーミョウ（カレー）へと向かった。マグウェイ管区に広がるゴマ畑やまるでカンボジアの大地のように田んぼに林立する椰子の木を横目に見ながらの道中は予想以上に時間のかかる旅になった。都合十二時間以上は車に揺られていたことになる。

マンダレー空港に着き、預け荷物を待っていると窓の外で手を振る二人の姿があった。熊五郎とスワンだ。彼ら二人がマンダレーまで出向き、車を用意して待っていてくれたのだ。

また、熊五郎とスワンとの旅が始まった。

ナク・ザン橋

トン・ザンの町を過ぎると道は急な下り坂になり谷底まで降りていく。その谷底に沿ってマニプール川が流れている。インドのインパール付近を源流とする川だ。雨季のため水は土色に濁っていて流れが速い。その川の上に架かるナク・ザン橋。テディム街道はこの橋によってトン・ザン側の山々とチカ側の山々とが結ばれている。

インパール作戦の顛末を綴ったウィリアム・スリム氏の著書『Defeat into Victory』には、このナク・ザン橋から始まった日本軍との戦闘描写の記述がある。

「彼ら（日本軍）**は正規のルート**（テディム街道）**を使わずに進軍してきた。ナク・ザン橋の向こう側**（トン・ザン側）**の山々のあちこちから砲声と銃声が轟き、我々**（英軍）**をたじろがせた」**（筆者意訳）

日英両軍はこのナク・ザン橋を境に対峙。インパール作戦は、したがって、この橋を挟んで始まった戦いがその端緒であったと言って良い。緒戦は日本軍（第三三師団）の快勝というかたちで進み、一挙に北部チン州チカ地域を制圧。**インド独立軍**（チャンドラ・ボース）及び**ビルマ軍**（アウンサン将軍）と行軍した日本軍はさらに**チン州のゾーミ族らを「チン防衛軍」**（CDA=Chin Defense Army）として組織し、主に物資補給に当たらせた。しかし、インド側（インパール）へ越境攻撃をかけて以後、英印軍の巻き返しと日本軍の乏しい補給路、さらに兵士に蔓延した病気や飢えにより戦況は逆転。遂に日本軍の敗退で終止符が打たれた。

国敗れて山河有り。今、この地は水の流れる音と鳥やセミの鳴き声以外何の音も無い静寂に包まれている。

ウルルン滞在記じゃないってば…

「いいか、絶対に余計な事はしなくていいからな！日本の取材陣がきちんと取材できて、僕らは僕らで捜索を継続していく。歓迎会とかやんなくていいからな！そういう経費はうちには無いからな！」

ナク・ザン橋

熊五郎に重々注意しておいた。ニコニコ笑って頷いてくれていたのだが、熊五郎には通じないようだ。**そもそもゾーミ族はお祭りが好き**なのだろう。

ナク・ザン橋を渡り、ムアルカウィ村まで着くと村人が総出でお出迎え。大袈裟なバナーまで拵えて伝統の踊りを踊り出した。そればかりか**僕や日本の取材陣も手を引かれて踊りの輪の中に**入れられる。伝統酒の濁酒「ゾー・ズー」も登場し、無理やり呑まされる。**まだ何の取材もしていないのに踊る取材陣。**

「熊五郎！話しが違うじゃないか！もうこれっきりにしてくれよ」と言うと、ニコニコ笑うだけの熊五郎。**ダメだ、多分、通じていない！**

日本軍の野戦病院跡や巨大な埋葬地がある次のトゥイキアン村に入ると、**またしても村人総出のお出迎えと踊りとゾー・ズー。僕や日本の取材陣も手を引かれて踊りの輪の中に**入れられる。

一行は踊り終わった後、そのままベース・キャンプのシンギャル村へと向かった。これらの村々は帰路に取材することにしているので、踊って呑んだだけで素通りした。

ようやく本日の目的地**シンギャル村**に到着すると、**またしても村人総出の歓迎会。火縄銃が轟き、僕や日本の取材陣も手を引かれて踊りの輪の中に入れられる。伝統酒の濁酒「ゾー・ズー」も登場し、無理やり呑まされる。またしてもまたしても踊る取材陣。**

こうなったらもう楽しむしかないだろう…。

ゼロファイターを追って

荒木愛子

はじめに

井本勝幸さんについて私が初めて知ったのは二〇一四年二月。様々な分野で活躍する人の横顔を紹介する新聞二面のコーナーで、井本さんが身一つでミャンマーの和平に奔走する様子を伝えていた。小さな記事だったが、「ミャンマー」の文字にひっかかった。

私はある取材を通してミャンマーの若者数人と福岡で知り合い、その後も友達づきあいを続けていた。記事掲載の一ヵ月前には彼らに会いにヤンゴンを訪ねていたばかりだった。**福岡にこんな凄い人がいるなんて。**記事を切り取って保管した。

それから八ヵ月後には井本さんと出会い、太平洋戦争で「最も無謀」と言われるインパール作戦の跡地を共に歩き、**二〇一五年春、テレビとラジオのドキュメンタリー番組「ミャンマーのゼロファイター　～70年後の日本兵遺骨調査～」を制作**した。

だが、まさか**三年も取材を続け、シリーズを三本も作る**とは思ってもみなかった。いまだに不思議だ。なぜ私は井本さんと日本兵遺骨調査にこだわっているのか。

最大の理由は、**取材の度に引き込まれる井本さんの底知れぬ魅力**だ。ミャンマーの和平のため、**少数民族の経済的自立のため、何のしがらみもない日本人が僧侶の立場を捨て、自由自在に動いている。高い理想を掲げ、それを叶えるためにすごく現実的な行動をとる。**その行動力も半端ない。どんな相手でもすっと懐に入ってあっという間に心をつかんでしまう。周りの人は皆、笑顔で井本さんに協力する。ついていく。こうして、**井本さんが事を成していく瞬間に度々立ち会う**ことができた。私はこんな人を他に知らない。敬愛する**坂本龍馬が目の前でいきいきと生きている**んじゃないか？　そんな錯覚も覚えたりしてとにかく目が離せないのだ。

私は長崎市出身だが家族や親戚に被爆者はいない。そんなこともあって、太平洋戦争を身近に感じることなく育った。だが、故郷を離れてはじめて、**戦争について知らないことを恥ずかしく**感じた。いつかきちんと向き合いたいと思ってきた。井本さんの取材を通して目の当たりにした、遠いミャンマーに残る日本人の跡。**過去のものと思い込んでいたあの戦争はまだ終わってはいなかった。**このまま放ったらかしにしていいのか。知れば知るほど伝えたいことは増え、拡がっていった。

そして、取材を通して知り合うことができた遺族の方々、とりわけインパール作戦で夫を亡くした群馬県前橋市の奈良たけさん（百二歳）との出会いは、私にとって大きかった。**結婚わずか三ヵ月で夫が召集され、遺骨も遺品もなく、数枚の写真で夫を偲びながら今も帰りを待っている。**どのような気持ちで七十年という歳月を過ごしてきたのだろう。遺族にとっても戦争は終わってはいなかった。今を共に生きる日本人として知っておくべきことではないか。

三本もドキュメンタリーを作ることができたのは、井本さんと調査に関わる方々、取材に応じてくださった遺族の方々、番組制作に思いきり打ち込める場を与えてくれた九州朝日放送（KBC）報道局、そして共に作る仲間たちのおかげだ。

不思議な縁と必然、微力だが使命も感じながら、井本さんと日本兵遺骨調査を追い続けた三年を振り返る。

『ミャンマーのゼロファイター』制作記

（2014年10月〜2015年5月）

はじまりは戦後七十年企画

私は一九九五年四月、テレビ番組を制作するKBC映像に入社し、ニュースのVTR編集や番組ディレクターを務め、二〇一四年七月、KBC報道部に配属された。部では福岡・佐賀を中心にニュースを制作しており、その中で私はリポーターとともに各地の町おこしや、いま流行っているもの、凄い技を持つ人々など、いわゆる「やわネタ」を求め、各地へ取材や生中継に出かけている。異動当時は四一歳。社歴も二十年に届こうとしていた。

そんな私が井本さんのミャンマー日本兵遺骨調査の番組制作に取り組むことになったのは、三カ月後の十月のことだった。

野村友弘プロデューサー（39）が部員に企画を募った。来年二〇一五年は戦後七十年の節目。年明けから戦争にまつわる特集をシリーズで放送しようというものだった。

「**井本さんの企画、いけるかもしれない**」。私はすぐに動いた。

前述したように、その年の二月に井本さんのことを新聞記事で知り「**ミャンマーで活躍する福岡のスゴい人**」として頭の中にあった。

夏にも、井本さんに関する新聞記事を見つけ、再び釘付けになった。ミャンマーのインパール作戦の跡地で日本兵の遺骨調査をしているというものだった。しかも独自で。「この方、またスゴいことをやっている！」

それだけではない。遺骨調査の現場がチン州テディムとある。「チン州」「テディム」など、よほどでない限りその名を普段の生活で目にすることはない。**インド国境に接する、ミャンマーでも秘境中の秘境**だ。なぜ私が知っているのかといえば、友の出身地なのだ。

福岡で三十年に渡って行われている国際交流事業「**アジア太平洋こども会議**」にかつて参加した、ハン・ザ・ダルくん（25）。彼は十一歳だった二〇〇〇年、**テディムから遠路はるばる福岡へ**やってきて、ホームステイなどを経験した。この事業の取材を通してダルくんと知り合い、長く友達付き合いをしていたが、私が無知だったこともありインパール作戦のイの字も会話にのぼったことはなかった。ダルくんの**遠い、小さな故郷の町が日本にとって因縁の地だった**のだ。ミャンマーと福岡を繋ぐダルくん、そして井本さんに、**不思議で強烈な縁**を感じた。

戦後企画の募集後すぐ、私は井本さんへ取り継いでもらえるよう「ミャンマー／ビルマご遺骨帰国運動」に連絡を取った。すると**偶然にも井本さんが帰国**されていて、しかも福岡にいらっしゃるという。翌朝には井本さんのほうから直接電話をいただいた。「**井本と申しますが・・・**」。とても丁寧な応対に恐縮した。井本さんは忙しい最中に時間を作って下さり、翌日井本さんが副住職を務めた**朝倉市の報恩寺**でお会いできることになった。この機を逃していたらその後の井本さんへの取材もなかったかもしれない。絶好のタイミングだった。

初対面の人に「**あなたを主人公としたドキュメンタリーを作りたい**」とお願いするのは初めてだった。緊張してお寺を訪ねた。井本さんの著書を読んで豪傑な方だと勝手にイメージしていたが、実際は**物腰柔らかく、仏門の方に共通する懐深さ**を感じた。

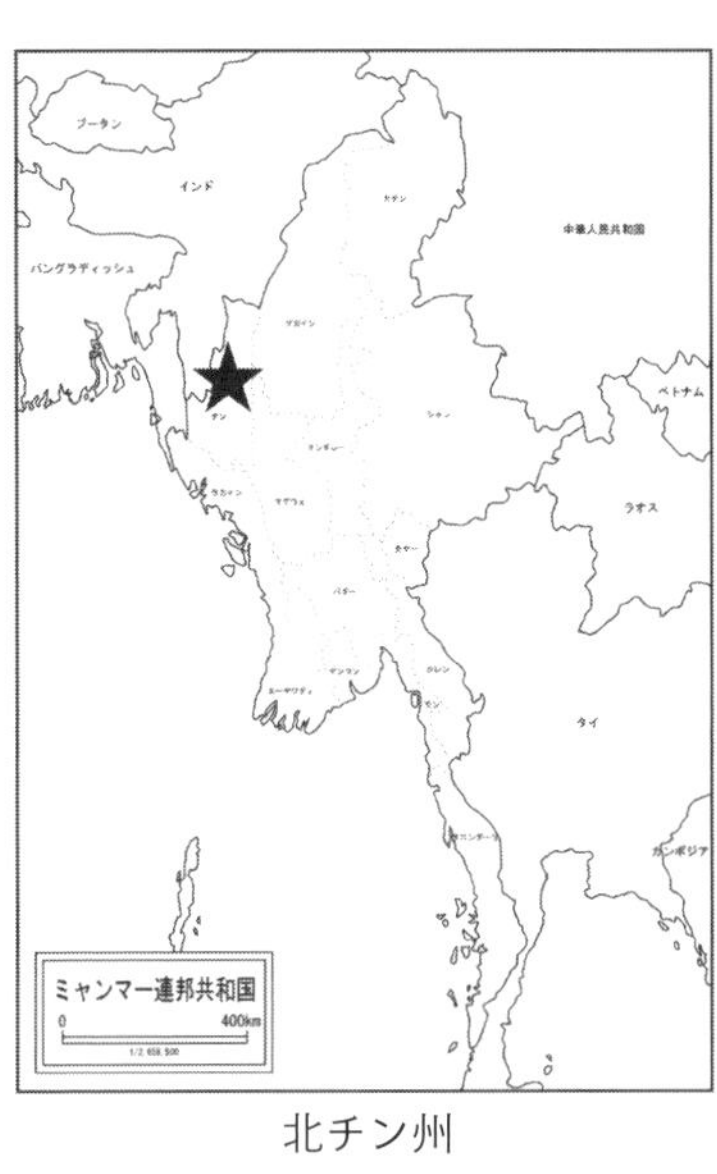

北チン州

私は緊張のあまり井本さんに矢継ぎ早に問うた。「なぜ遺骨調査をやろうとしたのか？」「どのようにして行うのか？」「次はいつチン州に入るのか？」「追いたいが果たしてテレビカメラは入れるか？」。一方、この状況を俯瞰している自分もいた。「初対面で素性もわからないメディアの人間が押しかけてきて撮らせてくれなんて、突拍子もないヤツだと思われているだろうな…」

しかし、井本さんはすべてを受け入れ、はっきりとこう答えた。「**大丈夫ですよ。チン州は二〇一二年から外国人も入れるようになったんです。取材カメラも情報省に許可を取れば大丈夫です。十一月下旬から調査で行きますから、一緒に行きましょう**」。まさに後光が差し慈悲に満ちた井本さんの笑顔は、今も瞼に焼きついている。

そこから遺骨調査の話、チン州の話、農業支援の話、和平への話と続き、一時間半ほどの間に伺ったすべてが面白かった。取材を受けてくださることも嬉しかったが、何かとてつもなく大きな人に出会えたことが感動だった。私が制作を完遂できれば、**すごいものがきっとできる**。そんな感覚を二十年のディレクター人生で初めて持った。

一カ月後、古澤健カメラマン（52）、有森崇裕記者（25）の三人で**ミャンマーの旧首都・ヤンゴンへ**旅立った。

初めてのミャンマー取材

私たちのミャンマー取材は、その後もこの人抜きには考えられない。優秀すぎるコーディネーター、ヤンゴン在住のアウン・ミャンマー・トゥさん（26）だ。かつて沖縄に留学し観光について勉強した彼は「ワンピース」をはじめ日本の漫画にハマったこともあり、日本語を完全にマスターした。優秀なのは通訳だけではない。よく気が利き人懐っこい彼は、複雑なミャンマー社会での取材をありとあらゆる面から上手く運んでくれるのだった。

井本さんとはヤンゴンの事務所で落ち合い、いよいよ取材が始まった。最初に訪ねたのは**市街地のとある寺の中にある「合掌堂」**。井本さんが私費でつくったもので、**各地で収容された鉄兜などの日本兵の遺留品、泰緬鉄道の沿線で見つかったつるはしなどが保管・展示**されていた。「日本は敗戦国なので、こういう遺留品は国外に持ち出せないんですよ。でも、続々と集まるのでどこかに保管しようと。ヤンゴンは日本から慰霊する遺族も多いから見学できるようにしたかったんです」

その寺で、井本さんに初めてのインタビュー取材を行った。今でも私たちの制作の指針となっている、その時の内容を一部紹介する。

「私自身はもともと仏教の坊さんですが、**和平活動・少数民族支援をやるのが本当の坊さんの仕事じゃないのかな**というのが一つですね。もう一つは、NGO活動も長いものですから彼らの窮状を見ていると、同じ人間として、やっぱり間違ったことは間違っているし、正しいものは正しい。**彼らにはそれを主張したり行動したりする機会が極めて少ない。しかし僕たち日本人にはそういった自由がある。**僕自身はたくさんの仲間がすでに死んでいますので、彼らを弔うためにも、そしてこれからの世代を担う子供たちもいますんで、私自身は**この命をお布施していい**という風に決断して今があるんです」

「現地の人達と旧日本軍のビルマ戦線について話をしていると、私達は戦後育ってきた世代ですけども、日本で教育を受けたほどには悪い風には言われないんです。逆に**日本がこのビルマを独立に導いてくれたんだと**。日本が来なかったら独立できなかったという視点というのは僕にとっては衝撃だったんです。あるいは今、遺骨調査を行っているインパールのそば、インド国境の方になりますが、あちらの地元の人たちからも、**インドの独立はやはり日本が来なかったらありえなかったんだと**。ですので、人と人が殺し合う戦争はよくありませんが、**日本の兵隊さんたちは決して無駄死をしたのではないし、この地域の歴史を作ってきた人たち**なんです。そういう日本人が、かつてここに来ていたということを知って、今同じ日本人としてこの時代に僕らが生きていることをきちんと知る。そして、僕たちは**この国のために何ができるのか、ひいては日本人としてどう生きていくのか。さらに、同じ日本の次の世代にどういう歴史を残していけるのか。**そういうことが大事だと思います」

現代に生きる日本人としての責任を、井本さんは**ミャンマーにおいてひとりで果たそうとし**ていた。私たちはただ感服した。

その日の取材を終え、私たちは井本さんを構成する別の側面を知ることになる。井本さんはヤンゴンで行きつけの居酒屋で焼酎を片手に軽妙なトークを炸裂し始めた。あまりに面白いため、こっそりカメラを回す。UNFC[*]代表としてミャンマー政府のアウン・ミン和平担当大臣と初めて対面した際、**出されたコーヒーに毒が盛られていると直感し、「大臣、コーヒー変えっこしましょう」と言ってしこたま怒られるも交渉を成功させた話。「ゼロファイター」は資金がゼロの意味もあったという話。**大変な苦労も劇的な笑い話にしてしまう井本さんの底知れぬ魅力に、私たちはあっという間に引き込まれていった。

テディムへ

翌日、井本さんと私たちはインパール作戦の跡地に向けて、**ヤンゴンから北西へ空路二時間、拠点となるカレーミョウという町**に入った。すぐ側にはチン州の山岳地帯が見えていた。ほどなく、ホテルに明るい夫婦が私たちを訪ねてきた。現地を案内してくれる井本さんの盟友、チン州を中心に調査を行っている通称熊五郎さんと熊子さん夫婦。ダルくんと同じゾーミ族で、地元ではキリスト教の偉い司祭だが、その名の由来通りコロコロして井本さんに惚れ込んでいるようだった。この**熊五郎さんこそ、最も多くの埋葬地を探し出した立役者**である。

翌朝、日本車の四駆に分乗してチン州テディムを目指した。

つい二年前に外国人も立ち入り可能となったチン州。アラカン山脈を貫く「テディム道」からの車窓の風景は最高だった。**標高はどんどん高くなり、山頂は二五〇〇メートルほどある**とい

＊ UNFC ビルマ統一民族評議会…政府と和平交渉を行うために井本さんが2011年に設立した、少数民族の統一組織。

旧日本軍が造った道（テディム道）

う。山の向こうはインド。**まさに秘境**だ。道中、驚かされたのは、**これほど日本から離れた場所に日本人の跡がいくつも残されている**ということだった。テディム道もそうだ。日本軍がインパールへ侵攻するときに造ったという道で、側溝を設けたことで氾濫などで壊れることもなく、今もインドへ続く幹線として使われている。山肌には英軍機の空爆跡が無数に残り、日本軍がよく造ったという蛸壺陣地跡には軍靴のかけらが散らばったままだった。**異次元にいるような感覚**だった。

現地住民に導かれ、井本さんと私たちはフォートホワイト山の頂へ登った。**アラカン山脈と乾季の澄み切った青空が三六〇度広がる絶景**に感動した。その傍で、住民が土を掘り始めた。土中から麻袋が出てきた。袋から取り出されたのはきれいに形を留めた一柱の頭蓋骨だった。別の所に露出していたが、野焼きなどで紛失しないよう住民が安全な場所へ埋め戻してくれていた。井本さんは静かに合掌しつぶやいた。「**頭骨が…あまり大きくないから多分日本人でしょうね。可哀想にね、こんな所で…**」。遺骨調査の取材に臨んでいた私たちだったが、まさか、戦地取材初日にこれほど圧倒的な遺骨を目にするとは想像もしていなく、茫然とした。

五時間かけてテディムに到着した。こじんまりとして、小さな十字架が無数に掲げられた墓地が点在していた。行き交う人々は素朴で、愛らしい町だ。

テディムには熊五郎さんの事務所があり、そこにこれまで発見された遺骨が十柱ほど収容されていた。先ほど見つかった頭蓋骨を安置し、井本さんは読経した。**遺骨の日本への持ち帰りは日本政府しか許されていない。政府が引き取りに来る日まで、この小さな事務所に安置**される。井本さんはこの事務所に来るたび、これらの遺骨と対面し、日本へ共に連れて帰れないことを申し訳なく思うという。私たちも後ろ髪を引かれる思いでテディムを後にした。

日が暮れかかった。帰途、私たちは信じられないものをもう一つ目にした。小さな集落で休憩していた時のこと。子連れの若い女性が道端で売っていたみかんをほおばっていると、**小高い丘の上にぽつんと、ピンクの花をいっぱいに咲かせた一本の木を見つけた。桜だった**。南国ミャンマーに桜があるなんて想像もしていなかったし、十二月の初頭、季節外れでもあった。「桜!? なんでここに桜が咲いているんですか!?」 聞けば**ミャンマーの山岳地帯では、十一月から二月にかけて桜が咲く**のだそうだ。確かに、標高の高いこの辺りは半袖で過ごせるヤンゴンと違って日本の春先の気候に近い。夕やけに染まりゆく花々をじっと眺めた。「**私たちはここにいるよ**」「**早く気づいて**」。**私には日本兵の無言の叫び**に聞こえてならなかった。

ファッショナブルな古老

カレーミョウを拠点とした弾丸調査。次は戦後初めて日本人が入るという、これまた秘境の村を目指した。この日も、石がゴロゴロと点在する山道を日本製の四駆で駆け上がっていく。**シートは上下に揺れまくってお尻が浮き続ける。パンクで何度も立ち止まる。**ガードレールもない。とはいえ、山々の景色、乾季のすっきりとした空気が何より心地良かった。

三時間かかって小さな村にたどり着いた。中心には小さな教会がある。古老、クー・プンさん（77）らが出迎えてくれた。**緑のニット帽に鮮やかな黄色いマフラー、眼鏡をちょっとずらし気味にかけた、とてもファッショナブルなおじいさん**だ。クー・プンさんは当時七歳だった七十年前の出来事を昨日のことのように話してくれた。「**セカイ　ココノ〜**」**と、日本兵が歌っていたという日本語の歌**まで披露した。

日本語で歌うクー・プンさん

クー・プンさんの案内で山奥の日本軍の陣地跡を訪ねた。ここにも日本のお家芸だったという蛸壺陣地があり、山肌にはいくつもの穴が今も空いている。井本さんは写真撮影のためスマホを片手にスルスルと中へ入っていく。それぞれの穴は中で繋がっている。**陣地の中にいた日本兵が少なくとも百人、英軍機スピットファイヤーの空爆にあい、亡くなったままだ**という。さらに村内の小川にも、少なくとも百人の日本兵が埋められているという。日本軍の軍票も折り目一つなくきれいに残されていた。この村は三十三師団が入ったとみられる。

現地の人々のお陰で日本兵の情報が続々と得られていながら、井本さんに「発掘」は許されていなかった。**厚生労働省からの指導で、発掘は国が行うから民間人は触ったり掘ったりすることなく場所をGPSなどで測ってピンポイントで特定し、その情報をあげる**ようにというのだ。後に国が発掘・収容する際にできる限り現場保存をしておくことが身元を特定するためにも重要であり、また、遺族の中には遺族以外の人が埋葬地や遺骨を触るのを好まない人もいる、というのが厚労省の言い分だった。井本さんや熊五郎さんたちは**その通達を愚直に守っている**が、発掘することなく場所を特定するのは至難の業で効率が悪すぎるという。テディムにしろ、クー・プンさんの村にしろ、簡単に来られる所ではない。**人が行きづらい場所にこそ、未帰還の遺骨は多く眠っている**。現地の古老たちも年を取って記憶は薄れ、亡くなり、そして地形も変わっていく。発掘できる機会に発掘・収容しておいて、日本への送還とその手続きは国が行うという形にできないのか。百歩譲って、発掘は国が行うというのなら、いつ来るのか。ゴールを明示せず、**民間有志に物心両面で頼りながらもその活動には制限をかける。それが日本の遺骨調査の実情**だった。

寄付金と募金のみで全国の僧侶有志が運営する「ミャンマー／ビルマご遺骨帰国運動」は二〇一五年三月をもって活動終了としていた。井本さんはもどかしさを感じていた。

「私が一番悔しいのは、内戦が続いている地域があるんですね。カチン州、シャン州の北部あたりも、たくさんのご遺骨が眠ったままになっているんです。それを手をつけないままに終わってしまうということは非常に残念です。個人的には**一人になっても続けよう**かなと思っています。日本の支援者の方のおかげでここまでこられたので、非常に感謝しています。運動体としては節目に差し掛かったと思います。我々現場のほうも有終の美を飾るべく、最大限の努力をしていい成果をおさめ、報告書を日本政府に提出して、いったんは着陸したいと思っています」

拠点のホテルでインタビュー取材を終えると、井本さんは美味しそうにお酒を飲み疲れを癒した。ここは井本さんの定宿で天井も高くゆったりとした造り。食事も美味しい。ＷｉＦｉも時間によっては繋がる。ただ…一つ難点がある。**お風呂のお湯が出ない**。いや、出るけれど最初の5分だけで、**一定の量が出尽くすと水に**なってしまう。これはこのホテルに限ったことではなく、「**ミャンマーのホテルあるある**」だ。朝晩は涼しいカレーミョウ、シャワーで済ますには寒すぎる。「お湯が出ないんだけど！」「お湯の出る部屋に替えて」。**毎夜、鼻息荒くフロントに乗り込むが、改善された試しは一度もない**。ミャンマーのインフラ上、これはもう仕方ないのだ。あぁ、なんてイヤなクレーマーだろう。罪悪感と寒さに苛まれながらぬるいお湯に浸かるが、風邪を引いたことは一度もない。

DEATH RAILWAY

カレーミョウを拠点とした三日間の現地調査を終え、私たちは一旦井本さんから離れ、**日本軍の足跡を辿る取材**に出ることにした。向かった先は**ヤンゴンから南へ三一〇キロ、車で六時間かかるモン州モーラミャイン**（モールメン）**と隣町のタンビュザヤ**。映画『戦場にかける橋』（米英合作・一九五七年）でも有名な「泰緬鉄道」のミャンマー側の始発駅がある町だ。カレーミョウとは打って変わり、この辺りはまさに南国の風情だ。タンビュザヤには線路が保存され、近くには日本兵を慰霊する仏塔（パゴダ）もあった。

一九四二年、ビルマを得た日本軍はタイ―ビルマ間の物資輸送のため、**四一五キロの鉄道を一年三ヵ月で敷設**した。灼熱下の突貫工事に連合軍の捕虜や現地の労務者十三万人をあたらせ、過酷な労働やコレラなどで数万人が命を落とした。「**DEATH RAILWAY**」と呼ばれるゆえんだ。

日本にいると、太平洋戦争は「敗者」の視点で語られることが多いが、ここでは違う。泰緬鉄道はタイ側に一部、現在も残されていると聞いて、休暇を使って乗りに行ったことがある。映画の影響なのだろうか、観光列車のような趣で、乗客のほとんどが欧米人で満席だった。車体は古く、ボロボロの線路を軋ませて走っていく。結構な速度でスリル満点だが、顔にあたる南国のムワッとした熱気と濃い青空が心地よい。「戦場にかける橋」のあるカンチャナブリ駅周辺も観光地化され大いに賑わっていた。泰緬鉄道建設にまつわる史料館もある。**痩せ細りながらも恨みをはらんだ表情の米英人捕虜の写真がズラっと掲示**されていた。**傍らには日本軍の将校クラスのような人たちがくつろぐ写真。連合軍敗者の視点**というのは私にとっては初めてで、いまも強烈に残っている。

泰緬鉄道敷設から4年後の終戦前後、モーラミャインは港があったことから、ビルマで敗走しボロボロになった日本兵たちがこの地へ続々と引き上げてきたと聞く。

天国・チェンマイへ

十日間のミャンマー滞在を経て、井本さんと再合流するため私たちは**タイ第二の都市、チェンマイ**に移動した。チェンマイは美しい古都で、街の中心を四角に仕切るように堀があり、その内側が旧市街で古寺が点在する。どの寺にも十二支の描かれた金箔の短冊が無数に吊るされている。タイ北部独特の願掛けだそうで、その様も美しくて見とれてしまう。食事も安くて何でもある。ホテルもミャンマーより安いのに、**お湯がいつまでもたっぷり出る**。最初の夕食にふらっと入った韓国風焼肉店が安くておいしく、久しぶりにリラックスしてガツガツ食事した幸せが今でも忘れられない。

チェンマイでの私たちの目的は、井本さんの主たる仕事である農業支援と和平活動の取材。そして、愛車「ゼロファイター」を見せてもらうことだった。

井本さんの前著『ビルマのゼロ・ファイター　ミャンマー和平実現に駆ける一日本人の挑戦』（集広舎）で想像を膨らませていた相棒は期待を超えるカッコよさで、**テレビ的には「ドドーン！」と効果音を付けたくなるほどのインパクト**があった。トヨタの黒い四駆トラック。日本ではほとんど見かけないタイプの大きな車だ。フロントガラスには**デカデカと貼られたKAMIKAZE**の文字。パオー族の仲間が貼ったという。「一人でミャンマーに入ったじゃないですか。**『飛び込み方が特攻的だ』**と貼られたんです」。各パーツは三菱や日産の部品でカスタマイズされていた。これらも仲間たちによる仕業だという。「みんな面白がってね。**オールジャパン**ですよ。でも最近はあまり動かしていないんです。次女をそこに乗っけてスーパーに買い物に行くとびっくりされますよ」。それだけ和平へと近づきつつあるのだと思った。「**ミャンマー少数民族地域の農産物**ができてきたんです。卸先はタイが多いので、多分この車は

ゼロファイター号

運送業で使われると思うんですね。なんでも屋です」

車内を見せてもらうと、シフトレバーに「必勝」と記された日の丸の鉢巻が巻かれている。「これは僕が日本の百円ショップで買いました（笑）！もうね、負けたくなかったんで。**何としても少数民族の和平に持っていきたかったた**んです。まぁ思いは叶いましたね、一応ここまでは。詰めが甘いのでここからが大変なんですけど」

井本さんはエンジンをかけ、車窓の先を見据えた。

UNFCのミーティング

井本さんが向かったのは、チェンマイ市街地から少し外れた静かな住宅街。広々とした一軒家に**UNFCの錚々たるメンバーが勢揃い**していた。

この日の会議では、カチン州の抱える問題が主に話し合われた。人口百二十万のカチン州は内戦避難民、国内避難民がKIO（カチン独立機構）の支配下地域で八万人、政府側エリアで三万人、山の中を彷徨っている人たちも含めると十二万人ほど存在するという。彼らへの食糧・医療支援をどうするか。**国連機関や日本財団などが支援をしてきたが、ミャンマー政府側によってブロックされている**という。一方、カチン州は中国にも接している。KIOのラジャ氏は、**「日本の支援は受け入れるな」という中国の意向**にも沿わなくてはならないと胸の内を話した。井本さんは「教会を経由して支援をすればよいのでは?」と提案した。

カチン州といえば、**井本さんや私たちの地元、福岡・久留米の十八師団「菊」部隊の主戦場**だ。しかし、内戦のため、遺骨調査は現在手付かずとなっている。井本さんは、「内戦を収束するにはミャンマーの憲法が改正されないといけない。長く時間がかかるだろう、こればかりは僕らにはどうしようもないので、**できることを淡々とやっていくしかない**」と語った。

理想郷

さらに私たちは、**チェンマイから北西へ百三十キロ、深い森林に覆われるメーホンソン**に向かった。チェンマイ空港から国内線でおよそ三十分の距離にある。

そこから四駆に乗り込んで、最後の取材地、ミャンマー・カヤー(カレニー)州の農学校を目指した。今度はタイ国境の山岳地帯だ。「**こんな所まで来るのはKBCさんくらいですよ**(笑)。他のメディアはビビって来ませんから」。井本さんの言っている意味は現地へ来てわかった。私たちが訪ねた山には**カレニー軍が、向こうの山にはミャンマー国軍が対峙**しているという。そのフロントラインに農学校はあった。いかにも物騒な所だが、全土停戦への動きの中で国軍とカレニー軍の間で暫定的に停戦が結ばれているため、**特例的に国から学校運営を認可**された。井本さんはミャンマーの農業振興を目的に、日本のODAをとりつけた。どんな教育を井本さんは施しているのか、ただ見たい一心で着いて来てしまった。

「うちの校門です。おもてなしです。どうぞ」。木で手作りされた門には『ｗｅｌｃｏｍｅ』の文字が掲げられている。林を数百メートル歩いていくと、**いきなり広大な農場が目の前に**広がった。バナナの木などで囲まれ、コウゾが自生している。畑には除虫もするマリーゴールドの黄色い花が咲き、トマトが実っていた。**学生はカレニー州全域から選抜された、二十歳前後を中心とした男女十八人。翌日は一期生の卒業式**だという。

「ミャンマーはいま、民主化が進んでいると言われていますけど、**ほとんどの利権や産業は特定の人が既に持っている**わけです。少数民族はこれから山を下りたり、あるいは難民キャンプから自分の国・ミャンマーに戻っていったりしても、**仕事がない**わけです。だから、まずは農業から、食べることから。そして、それだけではなく、農業を通して加工して産業化していく。大規模な産業ではなくて自然と共生しながら、自然の恵みをいただいて、それを産業として経済活動に入っていく。それが彼らの特権というんでしょうか。**彼らの独自の産業として、自立していくまで見届ける支援**が大事じゃないかと思います」

卒業生たちも多くの学びを得ていた。「土地を改良すること、無農薬の肥料の作り方を学びました。**卒業後は村のスタッフとして農業を続けます**」「井本さんのおかげでここまでこられたから感謝しています。**地元に帰って学んだことを村人に教え、自分の農場も営みたい**です」

夕暮れ時、井本さんは持ち込んだワインをおいしそうに飲みながら、畑を眺めてつぶやいた。「**理想郷**（ユートピア）**ですよ**」。誰にも何にも邪魔されず、理想だけを追い求める空間なのだと思った。そして、この辺りも日本との因縁の地だと知った。

「白骨街道なんです。インパール作戦で日本が負けてバラバラになって逃げていくじゃないですか。当時同盟国だったタイに向かって徒歩で逃げているんです。その道中でたくさん亡くなられて、生き延びた方々は白骨に沿っていけばタイまで逃げられると。このカレニー州を越えるとタイなんですね。**ちょうどここでも遺骨調査をしていて、たくさん出てきています。そこにこうして学校を作って、先の世を見据えてやっていくというのは意義のあること**だと思います」

学生たちが自ら栽培した農産物などを使って夕食を作ってくれた。薪で炊いたほかほかのご飯、野菜のスープ、鶏のから揚げ、野菜の炒め物などが大鍋で色鮮やかに並んだ。これも「ミャンマーあるある」だが、**田舎に行けば行くほど食事がおいしい**。この日の夕食も最高においしくいただいた。星降る大自然のなかで、眩しい若者たちと一緒だったことも大きいと思う。

その後、三十人ほどのカレニー軍も招かれ、卒業式の前夜祭が賑やかに開かれた。卒業生や軍人たちの歌や踊りで大いに盛り上がった。最高潮に達したのは学長・井本さんによる「アブラハムの子」。**日本語のアカペラで歌い踊る井本さんに学生もつられて踊り、軍人は「ライトハンド！」と合いの手を入れる。**歓声は夜遅くまで響いた。

こうして十六日間に渡る、初めての井本さんとの遺骨調査の取材を終えた。

遺族・奈良さん親子

遺骨が帰っていない遺族は、戦後七十年をどのような思いで過ごしてきたのだろう。福岡に戻った私たちは遺族を探した。取材したミャンマー・チン州に進撃した三三師団は、栃木や群馬といった北関東で編成されていた。

群馬県国保援護課へ連絡を取った。高崎市で編成され、テディム道を進軍した二一五連隊の遺族で、遺骨が帰って来ていない方に話を聞かせてもらえないか頼んだところ、紹介してもらったのが前橋市にお住まいの奈良準一さん（70）だった。

顔の見えない見ず知らずの相手（しかもマスコミ）に、電話で自分や家族の身の上話をするのは非常に不安だろう。でも、準一さんは私の質問に一つ一つ丁寧に答えてくださった。

準一さんの父、奈良信一郎さんは一九四四年六月に召集され、二一五連隊に所属。準一さんが生まれる二カ月前の同年十一月、三三師団第二野戦病院で病死した。二十五歳だった。遺骨は帰ってきていない。準一さんはこれまでに二度、ミャンマーへ慰霊に赴いた。インド国境より百キロ手前付近（おそらくカレーミョウあたりか）で追悼文を読み、群馬の酒を捧げ、趣味の尺八で「故郷」を演奏した。涙にくれたが、**父が亡くなった場所の気候や風土がわかって良かった**という。

そして、最高の吉報は、母のたけさん（98）がご健在ということだった。両親の結婚生活はわずか三カ月だったという。戦後、遺された母子二人は精神的、肉体的、金銭的にも大変な生活を強いられた。たけさんは農業（養蚕や米、麦）で生計を立てた。準一さんが十八歳まで遺族年金をもらったが「年金もらえて楽でしょ」と周りから言われたりした。**その身にならないとわからない、遺族の辛さ**がたくさんあったという。

準一さんとたけさんに会いたい。私は取材を前提に一度前橋にお邪魔して、直接話を聞かせてもらえないか頼んだ。準一さんは「（父のことを話すのは）涙、涙になるだろうからお役に立てるかどうかわからないが、**親孝行になれば**」と承諾してくださった。

三月の初め、前橋を訪ねた。

自宅で準一さんに改めて説明し、取材の許可をいただいた後、別室にいたたけさんがゆっくりとした足取りで入って来られた。**優しい笑顔で迎えてくれ、私は思わず小さな両肩を抱きしめた**。「母は認知症で耳も遠いから、取材のお役に立てるかわかりません」と準一さんは言ったが、そんな心配はなかった。たけさんの耳元で、私は頼んだ。「今度また来ますから、信一郎さんとの思い出をゆっくり聞かせてくださいね」。「**主人はビルマのモーライクに連れて行かれちゃったの**」。「モーライク」。**たけさんのこの記憶が、のちに井本さんと熊五郎さんによって大きな成果を生む**ことになるとは、この時は全く想像もしなかった。

奈良準一さんとたけさん親子

抱き続ける恋心

それから十日後の三月中旬、群馬で取材をした。

準一さんとたけさんのお墓参りから撮影を始めた。準一さんはやかんと菊の花を携え、時折たけさんの手を引いた。墓地は田畑に囲まれた静かな場所にあった。奈良家代々の墓には信一郎さんの遺骨は納められていない。準一さんが隅々まで掃除をし、菊の花と線香を供えた。清浄なつんと冷えた空気に包まれる。たけさんも手を合わせた。

（Q．どんなことを祈るんですか?）（たけ）「**いつでも、家内安全で守っておくれね**、と言います。私もいくついくつになりました、と知らせています。月水土はデイサービスに行っているので、その話を細かにします。それで気持ちが清々するんです。（Q．清々するとは?）何ともいえない、嬉しい。線香あげて、気持ちがラクラクするの」

（Q．お墓には小さいころからお母さんと来たんですか？）（準一）「そうですね、二人きりで、来てもどうしようもないことだとは思ってはいても、ひとつの供養と思って来ています。（Q．お墓に遺骨を入れられたらという思いは）それはあります。遺児、遺族の方というのは全て同じ心をお持ちだと思います。一時**横井**（庄一）**さんだとか、小野田**（寛郎）**さんが帰ってきましたよね。あの時には私もそうですけど、お袋のほうも一旦は期待したんじゃないか**と思います」

自宅にて、たけさんに信一郎さんの唯一の遺品である写真を見せてもらった。部隊の仲間とともに後列に並んで写真に納まっていた。準一さんと同じように控えめで穏やかな笑顔だ。

「五人きょうだいで一人だけ男で可愛がられて育ったから優しく、気持ちが平（たいら）だったの。（Q．信一郎さんの写真、今見てどう思いますか？）懐かしく思うよ。**あなた、って呼んでみたいけど。もうしばらく会えないものね…**」

信一郎さんの写真とともに、若かりし日のたけさんの写真も二枚あった。着物姿で一人、写真館で撮ったようだった。**出征した信一郎さんに送るつもりで撮ったものの、便りが来なかったため送れず仕舞い**になってしまった。

「これは私の若い時の。（写真の裏に）何か書いてあるね。でも今読めない」。

写真の裏には青い万年筆でたけさんが記したメモがあった。有森記者がたけさんの耳元でゆっくり読んで聞かせた。

（**『昭和十九年八月のお盆に撮る。出征して三ヵ月。五ヵ月の身重にて撮ったけれど、ついに外地からは**』）耳を傾けていたたけさんの顔がパッと明るくなった。「書いてあるの？そう！」。記者は頷き、続きを読んだ。（『**一切の音信普通で終わった。悲しい毎日の姿です**』と書かれています）。たけさんは二度、深く頷いて言った。「**私が若い時書いたんだ**」。

九十八歳のたけさんが一瞬見せた、初々しさと恥じらい。**愛する人を想う女性の顔**だった。だが、すぐに切ない表情へと変わった。

「三カ月一緒に居たっきりでね、出征しちゃって。高崎に一回面会に行きました。それが最後で、すぐビルマへ連れていかれちゃったから、手紙も来なくなっちゃったの」。

七十年が経ち、メモを記した記憶は薄れてしまったかもしれないけど、**夫を想う気持ちはこの写真の時から少しも変わっていない**のだと思った。

（Q．信一郎さんとの思い出で一番覚えているのは？）（たけ）「そうね・・・街へ一回映画を見に行ったことがある。それだけ。あとは薪を赤城山へよく取りに行きました。リヤカーを引いてね。（Q．いつから戦死を受け止められるようになりましたか？）最近だよね。（Q．生きていて欲しかった思いは？）しょっちゅうあります。同級生を見る度にいいなと思うけど、口には出しません。ただ、寂しかったです。うちの主人は大人しくて優しかったの。だから余計ね、今頃生きていたら私も幸せになっただろうなぁと、そう思いましたけど、**十年のうちは諦めきれなかったの。どこかに生きていてくれればいいなと思ってね。**（Q．今政府が遺骨を戻そうとしていますが）そうですか！いやー戻ってきてくれればいいなと思います。主人と思います。**骨だけだけど本人だなと思って、喜んで迎えます**」

その後、たけさん、準一さん、準一さんの妻ミサキさんに、取材した井本さんのＶＴＲを見てもらった。信一郎さんが進軍したチン州の戦地跡や遺骨調査風景、フォートホワイトでの頭蓋骨発見ー。

（準一）「いやー驚きです。本当に当時のままで残されているっていうのがびっくりして、突然だったから。でも、有り難いですよね。当時の遺骨を掘り返して、世の中に出してくれて、井本さんには本当に感謝します。遺族の方は多分感謝すると思います。**誰でも思っていても、中々行動に移すというのは、ましてや車で行けるところじゃないし頭が下がります。**大和魂を持って、徹底してやろうという素晴らしい根性の持ち主で。功労者ですよね。

（Q．遺骨、戻ってきて欲しいですか？）それはあります。私は遺児だから。これが私の子供の代になると、かえって迷惑とか、そうなってしまう可能性もあるんですけど、私の場合は遺児で親父ですから、**親父の骨は大切に、うちの塔に入れてあげたい**です」

（ミサキ）「正直なところ、もう少しおばあちゃんが元気で、昔のことをもう少しわかる時期に、遺骨収集をしてあげられたら良かったたかな。今はおばあちゃんはこの通り体も弱くなったし、記憶も薄れてきて、多分私たちが想像してるようには受け止めてられないと思うんですよ、おじいちゃんのことを。でも、嬉しいことですね。何もないよりはもちろん、これがおじいちゃんのだ、ということになると、家族皆安心してお参りができると思います」

たけさんは毎朝欠かさず仏壇と庭のお稲荷さんにお参りしている。「これからデイサービスに行って参ります。たけを守ってくださいね。よろしくお願いします。行って参ります」。

準備を整えたたけさんは、玄関の引き戸からゆっくり外に出て、一人用の椅子に腰掛けた。こうしてデイサービスのバスを待つのも日課なのだろう。傍では梅が咲いていた。**たけさんは暖かくゆるんだ朝日を眩しそうに左手で遮りながらバスの到着を待っていた。私には夫の帰りを待っているように見えた。**

遺族にとってあの戦争は少しも終わっていない。私は初めて思い知った。

元日本兵が語ったインパール作戦

井本さんのミャンマーでの遺骨調査を軸に、奈良たけさん・準一さん親子のストーリーも交えた**全国放送版『テレメンタリー　ミャンマーのゼロファイター〜動き出した遺骨調査』**は、生みの苦しみを十分に味わい、三月末に完成。四月に放送された。

すぐに、五月に放送する五十五分の長尺バージョンとなるローカル放送用の追加取材にとりかかった。インパール作戦がどのような戦いだったのか、当事者から証言を得たいと思った。

知人を介して埼玉県鶴ヶ島市の今泉清詞さん（91）を紹介してもらった。今泉さんはインパール北部・コヒマに進撃した三一師団歩兵五六連隊の記録係を務めた人である。初めて電話で話をした際、私が一質問すると十教えてくれるほど、鮮明に戦争を記憶していた。

今泉さんの体験をテレビで記録させてもらいたいと伝えた。だが今泉さんは固辞された。「**戦争で生き残ってしまい、七十年悔いている。仲間に申し訳ない。**戦争について人前で何かを話す資格はない」と。

それでも、今泉さんに会ってどうしても聞きたいことがあった。電話で井本さんの遺骨調査について話した際、少し気になるリアクションがあったからだ。私はわがままを承知で訪問の約束を取り付けた。

四月半ば、今泉さんを訪ねた。九十歳を越えているとは思えないほど、しゃんとした佇まいで、紳士という言葉が相応しい方だ。**半ば押しかけ気味だった私を優しい笑顔で迎えて**くださった。

新潟県出身。次男だった今泉さんは、戦争から引き上げ、埼玉で酪農を始めたところ成功し、その後実業家になった。私はその後も数人の元日本兵の方々に会う機会を得るが、共通するのは皆さん若々しく、仕事で成功されていること。今泉さんはその筆頭だ。あの戦争で体が強靭にならざるを得なかったのか、または強靭でなければあの戦争を生き延びられなかったのか、わからないが、とにかくどなたも姿勢良くお元気だ。達筆で文章を日頃からよく書かれるところも共通する。そして、生きて帰った使命を感じられているのか、仕事への取り組み方が尋常ではない。社会のため、そしてミャンマーのために尽力されているところも共通していて、今泉さんはミャンマーの学生を対象とした奨学会を私費で作り、これまでに二百人以上の学生を物心両面で支えたという。

今泉さんによるインパール作戦の凄惨な体験談は三時間半に及んだ。そのような戦争を二度と繰り返さないために、私は今泉さんの証言をきちんと映像で記録して広く伝え、後世に残したいと頼んだ。今泉さんは自宅まで押しかけた私に観念したのか「私で役に立つことがあれば」と取材を承諾してくださった。以下はその後収録した今泉さんの証言である。

ビルマ方面軍の牟田口廉也司令官は[*]、**二十日あればインパールは陥落できる**と説き、弾薬・食糧も二十日分しか持たせなかった。米は一日六合、二十日分で一斗二升。一人四十キロもの兵嚢を背負った。後ろにひっくり返りそうな程だが、若い盛りだったから、えっちらおっちらとアラカンの山を登っていったと言う。

＊牟田口廉也…最終階級は中将。マレー作戦、シンガポール攻略戦、インパール作戦を指揮した。第15軍司令官。

（Q．どういう気持ちでコヒマを目指しましたか？）「負けるなんて毛頭考えませんから。**絶対勝つと**」

（Q．連合軍の方が軍備などしっかりしていたと思いますが？）「教育というのは恐ろしいですよね。負けることは全然考えない。昭和二十年になって、退却してどんどん向こうから追われてきても、まだ負けると思わないの。内地の日本人もそうだったんじゃないでしょうか。一部の人は負けると思ったかもしらんが、我々下っ端の者は絶対に負けると思わない」

（Q．どういうところからそういう思いになったのですか？）「それはやっぱり教育です。軍隊に入ると、命は天皇陛下に捧げるものだと思って。だから**死ぬなんてのはちっとも恐ろしくないいんだよね。だから心境は、現代人に話したって理解してもらえない**と思う」。

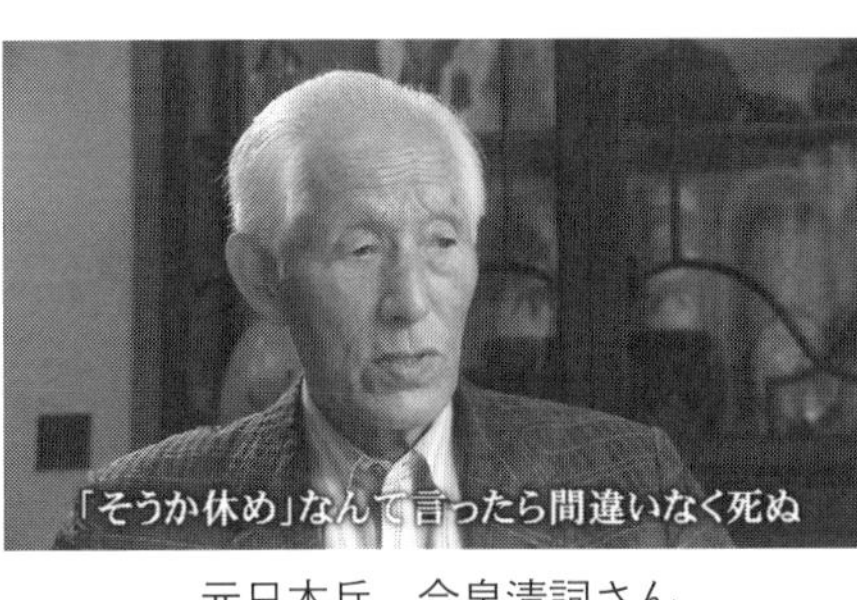

元日本兵　今泉清詞さん

一九四四年四月六日、今泉さんが属した三一師団はコヒマを占領した。ところが同月十九日、連合軍が反撃を開始する。「ネコの陣地」と呼ばれる所にいた五六連隊はほぼ全滅。今泉さんはその時、たまたま連隊の戸籍などの書類を預かるため連隊本部にいたため助かった。小学校しか出ていなかったので重要な職務につかなかったことが、命を落とさずに済んだ一因と今泉さんは振り返る。その後の撤退もまた、悲惨極まりなかった。

（Q．撤退するときは今泉さんは何人ぐらいで行動を共にしていたのですか？）「五、六人だよ」

（Q．非常に少ないのではありませんか？）「少ない。書類を見る者だけだから。そんなところを大勢やっていたんじゃ戦闘兵力にはなれないから。最小限だ」

（Q．書類を持ちつつ撤退したのですか？）「そう。書類をただ持っているんじゃなくて、何月何日に誰が戦死したとか、いろんな記録を取りながら。二十日分の食糧を持って行けばいいよっていう命令で行って、当然六月の時点じゃ何もないわけだから、木の実やいろんなものを、**食べられるものは動物であれ植物であれ何でも食べました。**それでも後方で経理をやっている人たちが部落から米を集めてきたりしてね。一人に二合ぐらいずつ兵隊に配給したわけです。ジャングルの中でロウソクをつけて、来る人に『はい、はい』って。そうすると、ヨロヨロと歩いてきたのが、ロウソクの火があそこに見えると、『ああ、あそこに来るとまた米がもらえるな、よかった。ここまで来たらひと休みしよう』なんて言ってね。要するに明かりが見える曲がり角に来ると、みんな一安心するわけ。それで**休むと、ハァーッといい気持ちになって眠って、そのまま天国逝っちゃう**んだね。極限になるとそうですよ。さっきまで同じ飯ごうの飯を食っていた戦友が『今泉、俺はダメだからここでちょっと休んでいくよ』『馬鹿野郎、何言っているんだ。こんなところで休んでたまるかよ』って頬っぺたひっぱたいてね。手を引いて。そうすると、またヨロヨロになって歩いて、そのまま何とか持つんですよ。そこで、『そうか休め』なんて言ったら間違いなく死ぬ。……そんな話をテレビで知らせたくもねえな。**あまりに残酷で。遺族の人が聞いたら**」

(Q．亡くなった仲間はどうしたのですか?)「そのまま。中には指だけ切ってね、落ち着いたところで火葬してお骨にして持ち帰ったなんていう話も聞きましたけどね」

井本さんと共に訪ねた「白骨街道」。今泉さんは私にリアリティを持って教えてくれた。

「いたるところが白骨街道だもんね。だって、みんな**遺体が収容されないで腐っている**わけだから。場所によっては曲がり角みたいな所に五体も六体も重なっているところもあれば、ポツポツと並んでいるところもある。いろいろです」

(Q．そこを通るときはどんな気持ち?手を合わせたりするのですか?)「いや、そういうのは悪いけどね、あんまり。**奴も死んじゃったか、ぐらいにしか考えない**です。だって明日は我が身かなんて思っているんだから深刻に考えません。そういうのは今の感覚で考えられないですよ。**だって友達が死ぬとね、明日は俺かな**なんて思うんだから」

「最も無謀な作戦」と言われるインパール作戦に従軍して、今泉さんは私たちに意外な示唆も与えた。

「非常に無理な作戦だと、誰が見てもそうだと思います。ただ、**その作戦をやらなかったらど**

うだったかと考えると、支那事変はいつになっても解決しないだろうと。援蔣ルートから物資を蔣介石にどんどん補給しているとね。だから日本海の、日露戦争の大海戦もそうでしたが、一か八かやってみて、もし成功すればそれは蔣介石の息の根を止めることになります。昔から戦国時代からの戦争を見てもそうだけど、**勝ちっこない戦争が何かのきっかけで勝った**っていうのは、今までもいろんな例がたくさんあるわけだから。だから牟田口さん（司令官）はそれに賭けたんだろうと思うんです。烈兵団（三一師団）はコヒマを占領した。**仮に祭**（十五師団）**と弓**（三三師団）**がインパールを予定通り落としてくれれば、それは成功した**わけだから。成功すれば牟田口さんは軍神だなんて言われるわけだから。それは紙一重だ。勝てば官軍負ければ賊軍って昔から言われるけども。私みたいに大局のわからない一兵卒が偉そうなことは言えませんが、牟田口さんにしてみると、祭だとかが**インパールを予定通り占領しないでモタモタしていたのは全く勘弁できない**なと思って憤っていたんじゃないでしょうかね」

（Q．ビルマでたくさんの仲間が亡くなられましたが、いまその方々にはどのようなことを思われますか？）「今、本当に申し訳ないと思います。だけど…申し訳ないだけじゃなく、帰ってきた我々もそうなんだけど、**戦争に行って苦労した甲斐があったなぁというものを認めてもらうこ**とが大事じゃないでしょうか。日本の国民中がね、**あんな無駄な戦争をして犬死だとか無駄骨だとかって言われたら、それは立つ瀬がありませんよ**。だから、私は日本の国民もね、ある面からするど甘すぎると思う。だって、世界中が今ね、日本が侵略したなんて言うけど、冗談じゃねぇ、どう侵略したと。**侵略したのは欧米の諸国じゃねぇかと。それを解放したのが日本じゃねぇかと。もう声をでかくして言いたい**ですよ。日本の政治家がそれを言ったら大変になるのは分かるけど、誰かがクビをかけてそういうことを言ってみらんねぇのかなと。情けねぇやつだなぁと思いますよ。現実そうじゃないですか。**独立国が二十ヵ国しかなかったやつが、**（戦後）**二百にもなってるでしょ。この突破口を開いたのは日本**だから。侵略したのは日本だなんて冗談じゃねぇと。そりゃ子どもだって分かる話じゃないですか。それを誰も言い出さないんだもん。死んだ戦友だって浮かばれません。靖国神社で泣いていますよ。だからせめてビルマが、私が（戦後）行ったときに『**ビルマの独立は日本のお陰だ**』と言ってくれたのは、せめてもの救いでした。この国民には何とかしてやらないかんなと、私は真剣に思いました」

今泉さんが**ミャンマーの学生に対し、毎年一千万円もの私費を投じている**理由はそこにあった。

同じようにミャンマーの人々のために尽力している井本さんについて、私は話した。戦地に置き去りにしてきた今泉さんの戦友を日本へ帰そうとしている。しかし、今泉さんはこう言った。

「**本音から言うとね、もう遅すぎる**」

そう考えるのは今泉さん自身のある経験が関係していた。井本さんが聞いたら、どのように思うだろう。井本さんの活動を否定することにもなるかもしれない。だが、それで志が揺らぐとは思えなかった。

私は井本さんと今泉さんを引き合わせることにした。

戦後七十年の現実

井本さんは五月上旬、地元福岡での講演会や厚労省への要請などのために帰国した。忙しい身ではあったが取材に協力してもらい、埼玉へお連れした。

今泉さんの自宅で、今泉さんと井本さんの二人はミャンマーの地図を挟んで対面して座った。井本さんは地図を見ながら今泉さんに聞いた。ちょうど三一師団の進撃ルートの調査を始めようとしていた。

(井本)「参考のために当時のこと、遺骨がある場所のご記憶があれば、調査隊へ探してくれと指示できるので、教えていただけないでしょうか」

(今泉)「次の世代のあなたがそうやって献身的にやってくださるのは頭が下がります。でも当時の状況からすると、我々が特定の遺骨を埋める余裕はありません。みんな倒れてもそのままにして前進しました。現地の古老というのが一番正確に事情をご存じのはずで、我々は生き残ったといっても定着してるわけではなく、**移動するにも意識もなく極限状態**で下がりましたから」

（井本）「土地の古老も年老いています。戦後七十年、僕は**戦後八十年はない**と思います。古老はあと十年もすればいなくなります。今年は節目の年でもあるから、これが最後のチャンスだと思っています」

（今泉）「考え方は複雑なんですよ。手を合わせて拝むくらいありがたいことではあるんですが、時期が遅すぎて、**もう何十年か早かったらどんなにかよかったろう**なと思う。七十年というと、亡くなった戦友たちの遺族もね、奥さんも親もいないわけで、いても子どもです。でも子どもも顔は知らないという人がほとんどで、弟や甥ということになる。そういう人たちの現時点の感情を考えると、**顔も見たことがない、遺骨が帰ってきて喜ぶなんて人はいない**んですよ。そういうことを考えると誠に空しい気がします。お坊さんだからご存じだろうけど、仏の祭りは三十三回忌が終わると終わり、五十回忌は丁寧なほうで、やらないのが一般的です。七十年経って、遺骨が帰ってきて有り難いと思うのは個々の家ではないと思う。これが何十年か早かったら、ずいぶん喜べるだろうなという心境です。でもそれはそれとして、**国家として一体でも多く日本に帰ってきてもらって、国としてお祀りをしていただく**ということは、文句なしに素晴らしく有難いと思います」

井本さんは表情を変えずに聞いていた。何と応えるだろうか。

（井本）「私は**英霊の目線でやらなきゃだめ**だと思います。七十年眠ったままですから、帰りたいと思う。今おっしゃったことも時代の流れでしょうがないというのはあるんですが、日本に戻ってきたいと思うんで、その目線でやらなきゃだめだなと思っています。鑑定して身元が特定できなかったら千鳥ヶ淵に埋葬になりますけど、でもそれでも僕は**みんな日本に帰りたいと思っている**と思う。もうすぐミャンマーに戻りますが、引き続きこの遺骨の調査だけは英霊の目線でやらせていただきたい。一日も早くみなさんが帰国できるように頑張りたいと思います」

「僕はみんな日本に帰りたいと思っていると思う」。そう言いながら、井本さんは涙を堪えているように見えた。井本さんの揺るぎない意志を確認した。

（今泉）「次世代の若い方がこんな素晴らしい考えでやってくださるというのは感動します。国家として、やってくれるのは良いことではないでしょうか」

（井本）「当時あそこにいらっしゃった今泉さんとお会いできて本当に良かったです。ミャンマーの人々はみんな献身的で協力的で日本のことが大好き。それも昔の、今泉さんたち日本人が素晴らしかったからです。次に続く私も立派な日本人でありたいと思います」

当初は互いに緊張していたが、帰り際には固い握手を交わした。本音をぶつけあった二人に心から感謝した。

（井本）「**七十年という歳月がもたらす別の問題**について考えさせられました。しかし、今泉さんも最後は同意見だったと思いますが、遺骨収集は現地で亡くなっている英霊の目線で考えなきゃダメだなと。遺族の元に戻れなくても、日本に戻れることが大事なことじゃないかと思いました。待っている遺族が多くいらっしゃるというのも現実ですし、できることならご自宅に戻るように頑張りたいですね」

三原光さん

夫や父、兄の帰りを待っている遺族がいるというのも七十年を経た現実である。群馬の奈良たけさん・準一さん親子もそうだ。

さらに、私たちは思いがけず、ミャンマーで戦死した父の帰りを待ち続ける人と、地元福岡で出会った。

遺族・三原光さん

五月、井本さんは福岡県筑前町で青年会議所が主催する講演会に招かれ、多くの聴衆を前にミャンマーの和平活動と遺骨調査について熱弁をふるった。

質疑応答で真っ先に手を挙げた男性がいた。「うちのおやじはミャンマーのタッコンで死にました。**骨箱は帰ってきましたが、**

開けたら紙切れ一枚でした。うちのおやじの遺骨は帰ってくるんでしょうか。収集よろしくお願いします」。

講演が終わると、私たちはその男性の元へ向かった。小郡市に住む三原光さん（75）。講演後、三原さんと井本さんは再度顔を合わせて調査の約束を交わした。この出会いがきっかけで、井本さんと三原さん、私たちとの関係は続いていき、**一年半後のタッコンの国の発掘調査事業**へ繋がっていくことになる。

翌日、三原さんの自宅で取材をさせてもらった。

三原さんの父、豊さんは第四九師団「狼」一六八連隊に所属し、終戦間際の一九四五年四月、ミャンマー中部、首都ネピドーに程近いタッコンで戦死した。三十三歳だった。当時三原さんは五歳、**父の記憶は日の丸が揺らめく中、自宅から出征していったことが微かに残るのみ**で、顔もわからないという。

三原さんは国の慰霊巡拝事業などで、二度ミャンマーを訪れた。いずれも限られた日程で何人もの遺族と共に、関係する戦地を回った。そのため自分の番、タッコンの滞在時間もほんのわずかしかない。戦闘地も埋葬地もわからず、近くにあったパゴダの前でささやかな慰霊祭を行ったという。その際、**付近に転がっていた石を数個、父の遺骨代わりとして持ち帰り、仏壇に納めて**いる。「おやじの遺骨もね、ひとかけらでもいい。本物を仏壇にあげたい。そう思っています」。

初対面のときから持ち前の朗らかさで周囲を笑いに包む三原さんだが、お父さんの話になると毎回、涙を堪える。お父さんの本当の遺骨を何とか見つけられないだろうか。

三原さんも群馬の奈良さんも、お元気ではあるが高齢である。少しでも早く遺骨が帰ってくるよう報道を続け、見届けなければと思った。それが取材に快く応じてくださったことに対する私の責務だ。番組制作が終わったら、**国内に残る戦史などでそれぞれの戦没地を調べ、井本さんに伝えよう**と決めた。

井本さんのバックグラウンド

井本さんの帰福に合わせて、私たちは実家のある報恩寺にも取材でお邪魔した。過密スケジュールの中、実家でのわずかなひと時を過ごす井本さんにとっては、まさに邪魔以外の何物でもなかっただろうが、その取材で井本さんのバックグラウンドの一部を知ることができた。

本堂で井本さんは真新しい位牌と遺影を見せてくれた。その年の二月に亡くなった、久留米市の川原進さん。最強といわれた久留米の一八師団「菊」部隊の一員としてビルマへ出征した川原さんは、九十三歳で亡くなる直前まで三十年間、毎朝報恩寺に通ったという。

「川原さんは生き残った者として、**戦友の追悼のために毎朝久留米から運転して、朝三時頃にはここに着いて、九十歳過ぎまで一日も休みませんでした。**その後ろ姿を見ていました。私はお経をあげるんですけど、太鼓を叩くのが川原さんの役目なんです。そういうのは大きかったですね。私も元々はご遺骨を探すとは思ってもなかったので、**最初は少しでも平和になるようにという願いでミャンマーへ行ったところが、話が巡り巡って少数民族から『日本軍の兵隊さんたちのご遺骨がある場所を知っているよ、協力するよ』という話になって**、びっくり仰天です。その時に川原さんの姿を思い出して。よくできた話だと思いました。死して尚生きると言いますけど、遺志は継いでいます。川原さんがいなかったら、遺骨調査はしていないと思いますし、おかげさまです」。

報恩寺の住職で井本さんの叔父、藤井前諦さん（71）は檀家さんたちから集められた、遺骨調査への浄財や手紙を井本さんへ手渡した。

「（井本さんを）褒めるわけじゃないけど、**自分のことを一切計算に入れていません**ね。少しでも仏様のお手伝いをしたい。家族の方へいつまでも魂の安らぎを差し上げたいと思ってやっていると思うんです。お寺でお経をあげるのは簡単です。そのお経をどこまで実行できるか。それをしてくれていると思います」

井本さん、国を動かす

五月十五日、井本さんは**厚生労働省の社会・援護局**を「ミャンマー／ビルマご遺骨帰國運動」

の幹部五人とともに訪問した。三月末、団体は千八百九十柱の情報を含む最終報告書を国へ提出していて、その後の国の方針を聞くためだった。これまでにも数度、国へ調査や資金などの要請をしてきたが、進展に結びつく回答は何一つ得られていなかった。一方で、団体の活動は二〇一五年の三月までとしてきたが、まだ終われないため延長戦に入る構えでもあった。

厚労省の出席者は吉田和郎事業推進室長をはじめとする三人。冒頭、最終報告書に対して吉田室長は「もらった情報は**私どもの接することのできない貴重な内容**が多く含まれている」と話し、井本さんは三つの質問・要望をした。

①具体的な調査収集時期はいつか？ ②出てきている遺骨の収集を早くして欲しい ③遺骨の場所の特定が最も重要な作業。その調査費用も国が出してほしい

ここで、私たち報道陣は会議室を出され、話し合いの内容は収録できなかった。およそ四十五分後、会議が終わり中へ入ると、井本さんは清々しい表情を見せ、結果を話してくれた。

「基本的には国会で審議中の遺骨収集法案が成立するという前提ではありますが、成立後には精力的にやっていただけるという話

厚生労働省へ要請する井本さんたち

で、非常に個人的には安堵しました。**既にでている遺骨、明らかに遺骨があるという場所に関しては、順次発掘して日本へ帰国させる**という話でした。国のほうで調査費も出してもらって、官民連携して一柱でも多く帰国に繋げていこうとお願いしました。返事としては、そのように考慮して努力しますと」。

やった! 井本さんたちの活動がついに報われたのだ。井本さんは興奮を抑えきれない様子で幹部の方たちと喜びあい、静かにガッツポーズをした。

「これで完結します。あとは法案通過だけです。つめ将棋みたいにきたけど、誰か一人欠けてもできなかった。感謝です。ここまできてよかったです、本当に」

井本さんは涙を流し始めた。ここまでずっと手を携えてきた熊本の川原英照さんが、傍で井本さんを労った。

「何度も現場で同じ遺骨に会うんですね。申し訳なくて。僕はいつでも日本に帰れるんだけど、置きっぱなしで。今回の帰国で**遺族に会って、泣かれて、手を握って何とかお願いしますと。全部救い取れるわけではないんですけども、これだけやっていることの意義はあるん**だなと思って。今ありがたい返事ももらって。良かったな、って」

井本さんが国を動かした瞬間に立ち会えて、私は真から感動した。

その後、私たちは吉田事業推進室長にインタビュー取材をした。その内容を記す。

(Q. 井本さんの報告書について)「井本さんの報告書は大使館、外務省ルートで届けてもらった。一つ一つ整理しながら確認している。これまで私どもが接することができなかった内容が含まれている。今後の実施に向けた計画に生かしていきたい。**ミャンマーでは多くの戦没者がいて、未帰還の数**(四万五千六百柱)**には遠くおよばないが、今後の調査に生かしたい**」

(Q. 一九七六年以降、遺骨調査が行われなかった理由は?)「一つは遺骨の所在情報に中々接することができなかった。ミャンマーでは昭和三一年から開始し、昭和五二年三月までに三万のご遺骨を送還した。昭和五四年代に三回、平成に入るとミャンマーの情勢でできなかった。それを除くと毎年政府派遣団を送ってきたが、情報が得られず、中々成果を挙げられなかった。(井本さんの報告書提出で)大変有り難い情報をいただいた」

(Q. 二〇一五年度の動きは?)「いただいた情報を一つ一つ整理させていただく。これから雨季に入るので、**雨季が空ける秋頃以降、順次情報に基づいた現地調査を私どもをもとして実施**していきたい。また調査段階で日本人の遺骨である、戦没者の遺骨と確認された場合は収容し、帰還させるという手続き・作業に入っていきたい。DNA鑑定は日本に持ち帰ってからの作業。現地での情報、周辺状況を見極め、人類学的な専門知見を持っている専門家の判断、確認作業も併せて行いながら確認していく」

(Q. 現地にはどれくらいの人数、専門家を送る?)「まさに情報を整理していて、広範な地域に遺骨があるので、どういう進め方がいいか検討していきたい」

(Q. 既に出てきている遺骨について)「現地で収容・安置していると報告があるので、その**遺骨が日本人戦没者であると確認され、ただちに持ち帰りが可能であれば帰還をする**ということにしていきたい」

(Q. 調査への予算について)「これまでもミャンマー以外でも民間の協力をいただいて、未送還の遺骨情報を集める取り組みをしている。参考にしながら、ミャンマーでもどういう取り組みができるか、具体的に検討していく」

(Q. きょうの時点では?)「今年度の取り組みとしては、それに基づく調査が十一月になろうかと。それを出発点にする。来年度の予算はこれから検討すすめることになるので、来年度以降の取り組みについても、いただいた情報を基に、**国としてどういう取り組みができるか検討しながら必要な予算についてもこれから検討を進めて**いきたい。(他国の遺骨収集とも)同時並行で進めていくが、(ミャンマーについては)具体的な情報をいただいたので、これについてはぜひ積極的に進めていきたいと考えている」

具体的になっていない点もいくつかあるが、とにかく国は「**雨季の明ける十一月以降に現地調**

査を実施する」と初めて明示した。私はこの取材の直後、夕方のニュースに出すためファミレスでインタビューVTRの文字おこしをしながら、手が震えるのを覚えた。

ところがこの件を、厚労省は井本さんに伝えていなかったのだ。

というのもその夜、帰国運動の皆さんと祝杯を上げ、井本さんは度々涙を流しながら美酒に酔いしれていたのだが、私がふいに「十一月が楽しみですね」というと、井本さんはぽかんとした。

「聞いてませんか？　十一月に国が調査に入ると言っていましたよ」

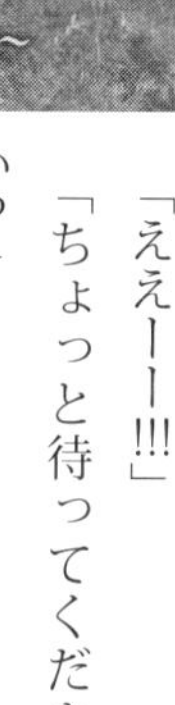

「えええーー!!!」

「ちょっと待ってください。当の井本さんに言わないってありますか!?」

私は急ぎパソコンを立ち上げ、厚労省インタビューの文字おこし全文を読みあげた。**井本さんは大きく頷きながら大粒の涙を流して喜んだ。**「良かった、良かった」。その夜は泣き通しの井本さんだった。

こうして、大きな結実を得て一作目の取材はすべて終え、五月末、『**ミャンマーのゼロファイター～70年後の日本兵遺骨調査～**』がテレビとラジオで放送された。

#『続ミャンマーのゼロファイター～戦後71年・日本兵を還した男～』制作記

（2015年6月～2016年5月）

モーライクの謎

井本さんら「ミャンマー／ビルマご遺骨帰国運動」は、二〇一五年四月、日本政府の現地調査が開始するまでの間、活動を延長することを決めた。「未調査の遺骨がミャンマーの少数民族地域に多数埋もれている現状の中、運動体の都合で調査を切り上げるべきではなく、**帰国を待たれているであろうご英霊とご遺族の気持ちを優先し、活動資金が尽き果てるまで最大限の努力を敢行する**ことが、後続である我々のご英霊方への最大限のご供養」と考えられたからであった。

私たちも番組を一本作ったからといって、これで取材を終えるつもりは少しもなかった。ミャンマーの遺骨調査はようやく端緒に着いたばかりなのだ。国は井本さんの情報を基に、今秋現地調査をすると明言した。本当に実行されるのか、またどのように展開されるのか見続ける必要があった。もとより取材を通して知り合った遺族の遺骨収集と返還を見届けるまではやめられない。そのために、私たちができることをやろうと決めた。

六月、番組放送を終えると私は群馬県前橋市の遺族、奈良たけさんの夫・奈良信一郎さんが亡くなった場所を探し始めた。たけさんがお元気なうちに信一郎さんの遺骨が帰ってこられるために、私が日本国内でできることは、戦史や部隊記録などで戦没したとみられる場所をある程度絞り込むこと。その情報を井本さんに伝え、調査を依頼しようと考えていた。ちょうど六月末から七月にかけ、井本さんがミャンマー北西部のザカイン管区の遺骨調査をすることにもなっていた。

信一郎さんの死亡通知書には「**昭和一九年十一月二〇日　戦病死　第三十三師団第二野戦病院に於いて**」と記されていた。信一郎さんが属した三三師団歩兵二一五連隊の連隊記録によると、信一郎さんの亡くなる四ヵ月前の同年七月、インパール作戦に中止命令が下ると、連隊は英軍の攻撃を受けながらテディム道を引き返し、十一月頃にはチン州の山々を下りていた。亡くなった同月二十日頃はカレーミョウ近辺に位置していると見られた。

一方、たけさんが何度も口にしていた場所についても気になっていた。「戦地から全然通知が来なかったから、手紙のやりとりはできなかったんです。**ビルマのモーライクに連れていかれた**からね」。七十年を経ても、その場所はたけさんの記憶に深く刻まれていた。ただ、モーライクを地図で探すと、カレーミョウより北へ七十キロほどの所にあり、別の連隊のエリアとなっていたため少し腑に落ちなかった。敗退時に混乱し、別の連隊と混ざることがあったのだろうか。

結局「第二野戦病院」の場所はわからなかった。井本さんの遺骨調査が迫っていた六月二十九日、とりあえずの情報として二一五連隊の足取りを井本さんに送り、また「モーライク」という場所にも何か手がかりがないか調べて欲しいと依頼した。井本さんは快諾してくれ、先に現地調査へ入っている熊五郎さんが探してくれることになった。

それから三日後の七月一日の夜、現地カレーミョウにいる井本さんから返事が飛び込んだ。「**二つのモーライクがある**ことがわかりました。**インダンギーの別称**（旧名）**がモーライクで、日本軍の二つの病院を特定**しました。興奮していますが、これから夕食会なので、委細は追ってまた連絡します」。

その時の驚きといったらない。わずか三日でモーライクと病院跡、両方を突き止めるなんて。詳細を聞きたい衝動をぐっと堪え、戦史と地図を広げて「インダンギー」を調べた。**カレーミョウから北へ約十キロにあり、二一五連隊の本部が置かれた場所**でもあることがわかった。連隊本部があったから信一郎さんは「モーライクに連れて行かれた」のだろう。繋がった！たけさん万歳！！

しかも、インダンギーに野戦病院も置かれたというなら、信一郎さんの亡くなった十一月末の連隊の足取りから見ても、**亡くなった場所として符合する**気がした。

井本さんから連絡が入った。ミャンマーでは古く栄えた町から新しい町に都心機能が移った場合など、地名に別称がつくことがよくあるという。熊五郎さんは地図にあった遠いモーライクではなく、地元でかつてモーライクと呼ばれたインダンギーへ向かったというのだ。**現地の人々による調査の重要性**を改めて実感した。ミャンマーの細かい地名や地元での通称は日本の資料ではわからないし、距離感や地形・地域の状況を掴めない。熊五郎さんの放った殊勲打に喜び合った。

ウー・ラさん

先遣隊の熊五郎さんに続いて、インダンギーへ入った井本さんは、当時を知る現地の古老、ウー・ラさん（86）と対面して聞き込み、その内容をフェイスブックに投稿した。以下、一部を引用する。


（二〇一五年七月四日）

ウー・ラさんに出会った。ウー・ラさんは日本語も少し喋る。**会うなり敬礼をされ「こんにちは！ありがとうございます！まずはお茶を飲みなさい！」と日本語で挨拶**を受けた。

以下はウー・ラさんの証言である。

『ここには日本軍の本部基地がありました。インパール作戦撤退中にここに基地が作られた

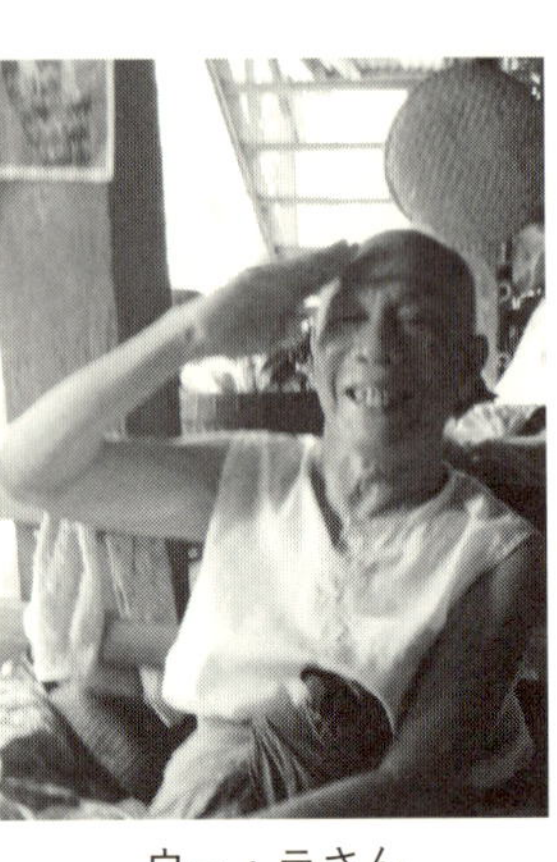

ウー・ラさん

のです。隊長の名前はイチカワさんでした。インダンギーには一つ目の野戦病院が建っていました。軍医名はサカマキさんです。今は国軍の基地として使われていますが、今でもワシらはあそこを「ビョーイン」と呼んでいます。兵士の埋葬地もあって、病院で亡くなった沢山の人が埋められていますよ。そこから一マイル程離れたインダンリー村に二つ目の野戦病院がありました。そこに埋葬地があったかどうかまでは覚えていません。』

ここには第三三師団二一五連隊の連隊本部（インパール作戦撤退時の転進本部）があった。戦史と辻褄があった瞬間の驚きといったらない。戦史によると、一九四四年十一月にここで英軍との間で激戦が交わされている。

先だって放送されたKBC九州朝日放送の番組やニュースに、群馬県のご遺族である奈良さんが紹介されていた。奈良さんのご主人が亡くなられたのは一九四四年十一月二十日。所属は二一五連隊。戦没場所の記録には「第三三師団第二野戦病院に於いて」とある。

僕はその足で、二つ目の野戦病院があったというインダンリー村に向かった。そこはインダンギーから分かれて新しくできた村で、村人に尋ねるも、全員が戦後世代のため「病院は知らない」という返事。

これまでの調査経験から言って、野戦病院のあった場所には必ず埋葬地があった。僕は（勘に過ぎないが）**きっとここに多くの英霊が眠られている**と思う。

インタンギーの「ビョーイン」跡は現在、ミャンマー国軍の基地に含まれていた。井本さんは特別に許され基地内に入ることができただけでなく、日本軍の病院跡と埋葬地と見られる場所へ案内された。井本さんはビョーインの写真を私に送ってくれた。青々と生い茂る森に目を凝らして見入った。果たしてここが三三師団第二野戦病院なのだろうか。

証言と戦史の一致

ウー・ラさんの証言で、インダンギーに二つの病院があったこと、そこには二人の日本人「イチカワ」「サカマキ」がいたことがわかった。

証言は事実か。私は再度、戦史を捲った。防衛省所蔵の名簿に二一五連隊大隊長「市川清義」、二一五連隊の連隊記録に「中尉　坂巻三郎」の名を発見した。ウー・ラさんはさすがにフルネームまで覚えていなかったから百パーセント合致とはいえないが、二人が共に同じ連隊にいる。信憑性はかなり高いのではないだろうか。しかも奈良信一郎さんの所属した二一五連隊に。**信一郎**

さんにぐっと近づいた気がした。

そしてこの時、私は重大な事実を発見した。インパール作戦の史実だけで厚さ五センチある、教科書のように読んでいたつもりの防衛省発行の戦史叢書「インパール作戦」に、三三師団の病院についてこのような記述があったのだ。

病院ハ左ノ如ク開設スヘシ（省略）。

第一野戦病院　カンタ附近（カレミョウ南側）

第二野戦病院　インダンギー附近

第一患者療養所　インダンギー附近

第二患者療養所　第二ストッケート附近

（波線は筆者による）

「第二野戦病院　インダンギー附近」！！！　あった、見つけた！！！

いや、待て。これほどの超・最重要事項をなぜ私は読み飛ばしていたのか。己の詰めの甘さを震えるほど呪った。いやいや、そんなことより早く井本さんに伝えなければ！**私は当該のページをドキドキしながらスマホで接写し、井本さんに送信**した。

「**衝撃です！**」。まるでブーメランのように井本さんから即返事がきた。互いに興奮を抑えながら話をすり合わせ、**戦史に記されたインダンギーの二施設のうち、「第二野戦病院」が埋葬地の**

【参考文献】
防衛研究所戦史研究センター「陸軍異動通報」昭和 19 年
歩兵第二一五聯隊戦記編纂委員会「歩兵第二一五聯隊戦記」昭和 47 年
防衛庁防衛研修所戦史室「戦史叢書　インパール作戦－ビルマの防衛－」昭和 43 年

ある「ビョーイン」で、「第一患者療養所」が埋葬地がない病院ではないかと推測した。

「当時、亡くなった兵隊さん達は腕を切り取られ、腕の部分だけ火葬して戦友が持っていったそうです。ですので、それ以外の遺骨は埋葬地に埋められています。多分生き残った戦友たちも途中で亡くなっていると思います。身体の大半の遺骨が残っているのですから、考えてみればかえって良いかもしれません」「そうなんですね。では、この埋葬地でほぼ間違いないと」「**はい！間違いありません！**」「万歳！」

井本さんとは普段、メッセンジャーでやりとりをしているが、この時ばかりは手を取り合って喜ぶくらいの感激だった。現地で得られた証言を史料が裏付けている。これでもう、ほぼ間違いないだろう。奈良信一郎さんにじわじわ近づいている。

翌日、信一郎さんの息子、奈良準一さんに電話で報告した。自分が話している内容に自分で驚き、妙なテンションになった。準一さんにちゃんと伝わったかどうか不安だったが、準一さんも大変驚いていて井本さんに感謝の意を伝えて欲しいと頼まれた。

番組で知り合った遺族の方々

一方、私は井本さんの講演会で知り合い取材させてもらった、福岡県小郡市の遺族、三原光さんへ連絡を取った。父・豊さんの埋葬地を井本さんに探してもらうので、時間があるときで構わないから、戦死公報などのコピーを私へ郵送して欲しいと頼んだところ、翌日、三原さんは分厚い文書ファイルを携えＫＢＣへ来られた。「どれが必要かわからんけん、選んでくれんですか」。**三原さんはお父さんに関する戦史資料や慰霊旅の記録を几帳面に保管**していた。「いやー、ありがたいですね。井本さんには」。

その中に古い手書きの公報があった。豊さんは「**四九師団一六八連隊に所属、昭和二十年四月二十五日、タッコンで戦死**」と記されていた。タッコンはミャンマーの中部で、首都ネピドーから ほど近い所にある。

私は一つずつ文書を見せてもらい、戦没地の特定に関連しそうなものをいくつかコピーした。「井本さんに渡して探してもらいます。それまで少し待っていてくださいね」「本当にありがとうございます。ＫＢＣさんにもこげんしてもろうて」。三原さんが見せた満面の笑みに、自らの責務を深く感じた。

遺族との出会いは、放送後にもう一つあった。四月に全国放送されたテレメンタリーの視聴者から手紙をいただいた。「ミャンマーで遺骨の収集をしていらっしゃる日本人の方を画面で見てびっくりしました」。山口県周南市に住む片山輝子さん（70）だった。

片山さんの義父（夫の実父）片山豊さんはミャンマーで戦死している。**戦後、家族に届けられた骨箱にはかまぼこ板より小さな板切れ一枚だけ**が入っていた。結局何も帰らない、何もわからないまま夫も義母も亡くなってしまった。そのことがずっと胸にひっかかっているという。手紙には軍服姿の豊さんの写真も添えられていた。

今回制作した番組で初めて得られた視聴者からの感想で、思いがけずとても嬉しかった。片山さんにお礼を兼ねて連絡を取った。片山さんは「義父のことを調べてみたい、調べることが供養になれば」と話してくれた。私はもし可能ならお父さんの所属した部隊や命日、戦没地などの情報をいただけないかとお願いした。詳細がわかれば井本さんへ情報提供しようと考えた。それから一ヵ月後、片山さんは厚労省や山口県へ問い合わせ、私へ情報を送ってくれた。電信一九連隊第五駐隊に所属し、**一九四四年五月二十三日、第一〇五兵站病院で戦病死したことがわかった。時期でいえばインパール作戦の真っ只中**である。

陸軍の資料から電信一九連隊の足取りを調べたところ、インパール作戦に参加していることはわかった。だが、資料にその名を探すのは至難の業だった。

だが翌年、私たちは**現地取材中、奇跡的にその病院とみられる跡を発見**することになる。

片山輝子さん

延期された国の遺骨調査

この頃の**国による遺骨調査の動きは停滞**していた。九月十一日、戦没者の遺骨収集を「国の責務」と位置づけ、**収集を促進する戦没者遺骨収集推進法案が衆議院本会議で全会一致で可決**された。ようやく一歩前進したのだが、安全保障関連法案の審議の余波を受け、参議院で継続審議となった。

また、十一月に予定されていたミャンマーへの国の調査派遣は、翌年の二月に延期されることになった。理由は**ミャンマー総選挙前で国内状勢が不安定**のため、ということだった。

一方、少数民族調査隊による遺骨調査（ゾーミ族・パオ族・ナーガ族・アラカン族）は「ご遺骨帰国運動」の資金を元に着々と進められていった。井本さん自身も十一月、泰緬鉄道沿線のカレン州の調査を行った。

二度目のミャンマー取材に向けて

二〇一六年が明けた。厚労省にミャンマー派遣の件を問い合わせると日程は二月下旬から三月上旬で調整中で、**職員二、三名をミャンマー・チン州方面へ送る**予定とのこと。もちろん、井本さんが先導する。ミャンマー当局側と調整がつけば、既に見つかっている遺骨は収容し、焼骨したのち帰還させたいとの意向だった。井本さんの手でついに収容され、**祖国に帰国する瞬間を撮影する**ため、私たちも取材態勢を構えた。

群馬の奈良たけさんの夫、信一郎さんの戦没地、三三師団第二野戦病院。有り難いことに井本さんが厚労省に進言してくださって、調査団がここに入ることになった。奇跡的に突き止めた埋葬地、是が非でも撮影し、帰りを待つたけさんや準一さんに見てもらいたかった。ところが、前述したように**病院跡はミャンマー国軍基地内。事前に撮影許可をもらうため、テレビ朝日バンコク支局の方々に随分と骨を折ってもらったのだが、梨の礫**だった。ミャンマー国軍に正攻法は通じないようだった。

福岡の三原光さんの父、豊さんの戦没地、タッコン。ミャンマー中部はパオ族調査隊のエリアとなる。井本さんの計らいで、私たちの日程に合わせて二日間タッコンの調査をしてもらえることになった。これは大変有り難いことだった。

山口の片山輝子さんの義父、豊さんの戦没地、第一〇五兵站病院。陸軍の資料を漁り、病院は「コンヂー」「カレワ」「マニウ」に配置されたことがわかった。「コンヂー」は小さな町なのだろうか。地図にも載っておらず、どこにあるのかさっぱり見当がつかなかった。「カレワ」はカレーミョウの西四十キロの所にある、チンドウィン川の渡河点で、取材拠点となるカレーミョウから日帰りで行ける。「マニウ（モンユワ）」はマンダレーに近く、インパール作戦からは少し外れる気がした。豊さんの属した電信第十九連隊はインパール作戦に参加していることがわかっているので、ひとまず「カレワ」の取材をすることにした。井本さんにも相談したら、このエリア担当の熊五郎さん率いるゾーミ族調査隊が私たちのために調査を行ってくれることになった。

相談をすればすぐに最善の方法で動いてくれる井本さんと現地調査隊。しかし、国の動きは鈍かった。今回の派遣は埋葬地の調査と、**既に現地で見つかっている遺骨の収容・帰還が主たる目的なので、発掘は想定していない**という。井本さんがやりたくでもできない発掘作業は国にしか許されていないのに、なぜしないのだろうか。思わず井本さんに愚痴をぶつけたところ、一喝された。

「結局は親方日の丸なので、厚労省の判断を待っているだけです。時の流れに身を任せ～♪です。僕は僕のやっていることに最善を尽くすだけです。荒木さんの押しがあって、僕の現場での活動があります。短い機会に最高の結果を出すためには、職業や立場を超えて、同じチームです。先の大戦に対する日本人の姿勢と思いを歴史に残したいです。僕らは**異国の丘に朽ちた先人を見捨てないと。彼らは侵略者でも何でもないです。当時の国の命令で行かされただけ**です。右も左も主張したいことは一杯あるようですが、ここは現地で亡くなった方々の目線で裁くべきです。今の目線で彼らを計るのではなく、彼らの目線を大切に思ってあげることが本当の平等です。時代によって価値観が違うのですから。**僕だったら、日本に帰りたいから。**僕は、実はただ、それだけなんです（笑）今の国連は当時の戦勝国のための国連で、今もそうです。たとえそうであったとしても、僕ら日本人は本当の国連を目指すべきです。**負け組の烙印を押された者にしか分からない本当の思い**というものが、僕はあると思っています。きちんと戦後の掃除をする。そして、現代の洗濯をする。日本にできることを精一杯やっていく。そういう日本が、本当の日本だと思うし、それはきっと世界が納得する日本だと思います。ちなみに僕は右翼ではありませんが（笑）。アジアの大掃除と経済発展は同時進行（パラレル）であるべきです。僕は今、**連合国軍の埋葬地も探していて、彼らの本国に日本大使館を通じて報告する**よう動いています。平和が一番ですから！時が過ぎれば敵も味方もない。それが、僕は**日本的な愛**だと思っています」

それを実践するかのように、井本さんのフェイスブックにはこの頃、連日のように遺骨調査の報告があげられていた。例の戦史に記載されていた三三師団第一野戦病院（カレーミョウ南部のカンタ）も発見、そしてついに、久留米の十八師団「菊」部隊のエリアであるカチン州にも調査の手が届いた。

正月には、井本さんは妻の美奈さんを連れ、テディムの事務所に安置される遺骨の前で焼いた餅や酒、味噌汁を供えた。

私たちがやるべきことは何か。日本人としてどうありたいか。井本さんは出発前に改めて指針を示してくれた。

A型肝炎や破傷風、狂犬病などの各種予防接種にマラリア予防薬も処方してもらって、二月二十二日、福山博樹カメラマン（37）、成井龍之祐記者（23）とともに、二度目のミャンマー取材へ出発した。

ヤンゴンの日系ホテルで

成田から直行便で七時間半。ヤンゴン空港に降り立つと、コーディネーターのアウンさんが待ち構えてくれていた。異国での知人の出迎えほど安堵するものはない。

ホテルは井本さんの定宿の日系ホテルで、日本食のレストランもある。井本さんとは厚労省職員との打ち合わせ後、このレストランで合流することになっていた。いよいよ厚労省を先導してチン州に入る。井本さんはどんな気持ちでいるのだろうか。座敷にカメラを据え、気持ちの高ぶりを抑えながら井本さんを迎えた。井本さんは既に感極まっていた。

「率直に言って、**やっと帰国が叶うんだ**と。というのも既に出てきている遺骨を帰国という運びになったんですが、私自身何度もそこへ調査に入っていて毎回顔を合わせる。**一度も連れて帰ることができずに毎回挨拶だけして帰るだけ**でしたから、今回みんな帰れるというのは、非常に、感慨もひとしおというところです。特に私は九州・福岡の人間なので、福岡の部隊も多いので、そういう意味でも何としてもこの機会に本当は全員帰国していただきたい。こういうチャンスは二度とないと思います。**ミャンマーも和平に向かって動いています。掃除されている今この時に、我々も七十年前、国の命令で亡くなった人たちへのけじめをつける、そういう時期にきているん**じゃないかと思います。ミャンマーの全土停戦が成れば、遺骨調査をする条件が整います。ミャンマー政府も武装勢力側も遺骨調査に協力的なんです。早くミャンマーの国民和解を実現していただきたい。同時に一日も早く即動できる体制をとりたいです。国内の状況は良くなっていると思います。ただ、状況を変えるのは中心で関わる、動いている人間だと思います。本当に実現するまでに**最後の一柱までご帰還いただくように、ここで頑張らないでいつ頑張る**と、そう思っています」

国の調査団

翌二十三日、ヤンゴン空港からカレーミョウ空港へ。日本の地方のバスセンターのような小さな空港だ。井本さんが飛行機のタラップを降りるところからカメラを回す。そのまま後ろからついていくと、満面の笑みで盟友・熊五郎さんや仲間たちが待ち構えていた。井本さんの周りにはすぐに再会を喜び合う人だかりができた。

近くには、スーツ姿の厚労省の派遣団長、片山和宏事業専門官以下二人と、ミャンマー政府から派遣された、マンダレー大学の遺骨鑑定人（人類学者）の姿もあった。

一行はカレー市の市長を表敬訪問し、遺骨調査に入る旨を説明した。その後、片山団長に今回の派遣の主旨と内容を聞いた。

「ミャンマーにおいては政府と少数民族の内戦が継続していましたが、和平交渉が積極的に進められて、一部地域・カレーミョウ、テディムは情勢が安定してきたため派遣団の派遣になりました。これにあたっては『ミャンマー／ビルマご遺骨帰国運動』の皆様によります情報収集が平成二十五年より行われ、厚労省に提供されています。そのような情報をもとにミャンマー政府の了解を得た上で収集を行います。

明日からチン州北部テディムに向かい、現場の状況を確認しつつ、一時保管されている遺骨についても確認し、ミャンマー政府から同行いただいている鑑定人に判定していただいた上で、日本人戦没者の遺骨とわかりましたら日本国に送還します。

『ミャンマー／ビルマご遺骨帰国運動』からいただいた情報は、貴重なものとして受け止めていまして、今回その情報を基に進めて参る予定です。今回いただいた情報を元に一柱でも多く遺骨を収集し、本邦に帰還していただきたい。その後は、身元がわかる遺骨については遺族の元にということになりますが、今の段階では状況もわからないので、厚労省に一時保管します。遺族が判明する見込みがなければ、千鳥ヶ淵戦没者墓苑に納骨します」

しょっぱなから雨

二十四日。チン州へ出発する朝は、まさかの小雨。**乾季は雨が降らないと思い込んでいた**ので驚いた。

三十九年ぶりとなる**国によるチン州への調査団派遣は、井本さんと熊五郎さん夫婦の先導のもと、厚労省職員三人、遺骨鑑定人、日本から来た井本さんの支援者三人、日本のテレビや新聞などのメディア数社という大所帯**だ。五台の車に分乗してチン州の山を尾根づたいに走った。

小雨降る中クイックルの山頂を目指す

最初に目指したのは、クイックルの山頂。前回も取材した、軍靴のかけらが散らばっていた陣地跡だ。ここでは四柱が見つかっていて既にテディムに収容されている。どういう陣地で、どういう状況で発見されたのか、調査をするのが目的だった。

四時間ほどをかけ、クイックル山に到着した。陣地跡のある山頂までは傾斜のきつい山道を徒歩で移動する。井本さんと片山団長の歩みを撮影するため、時には走って先回りしたり、バックドリー（後ろ向きで進む）したり。四十代の私は息も絶え絶え、**ハー**

ド度マックスの取材開始だった。

十分ほどで陣地跡に着いた。遺骨を発見した地元の人たちも来ていて、片山団長がどのような状況で遺骨が埋まっていたのか聞き取りを行った。ほかの二人の職員は陣地の広さや深さ、GPSなどを計測し、写真を撮っていた。井本さんは付近で日本軍のものとみられる鉄製の装備品のようなものを発見して見せてくれた。「これ間違いなく当時のやつですね。探せばいっぱいでてくるんです」。クイックルの陣地跡は計測などのみで調査は終了した。

再びテディムへ

一行はさらに北上してテディムへ向かった。遺骨が安置されている

水筒や飯盒などの遺留品

熊五郎さんの事務所に入り、皆で拝礼した。

整然と並べられた遺骨。前回フォートホワイトで発見した、**歯が残りそのままの形を留めた頭蓋骨一柱のほか、頭蓋骨の破片、歯、腕、さらには鉄かぶとや飯ごう、水筒などの遺留品**もある。片山団長は熊五郎さんに一つずつ細かく聞き取りを行う。ミャンマー政府から派遣された遺骨鑑定人は、遺骨や遺留品を一つ一つ手にとったり、歯を前歯から順番に並べたりしていた。日本人

の遺骨と判れば収容できるのだが、どうやって日本人と鑑定するのだろうか。鑑定人に聞いた。
「最初に見るのは遺骨の形、歯の形やエナメルを見ます。日本人はモンゴロイドに入ります。世界の人類は三種類に分けられますが、モンゴロイドの頭の形は丸いのでそこを見ます。それで判断します」

人類学というものに初めて接した私はてっきり科学的な装置（それが何なのかはさっぱり見当もつかないが）を持ち込んで鑑定するのかと思っていたので、**極めてアナログ的な方法**に驚いた。
「（日本人と判断できましたか？）**九十％くらいの確率で日本人**のものです。はっきり判定するには遺骨と併せて遺留品を見ます」

鉄かぶとを念入りに見定めていた厚労省職員に、日本軍のものかどうか聞いた。
「そうですね。日本軍のヘルメットは、このように頭頂部に四つ、小さな穴が開いているのが特徴なんです。何のための穴かはわかりませんが、日本軍のものとみられますね」。

水筒の底には「**ＯＳＡＫＡ九八**」「**サ二六〇一**」**と刻印**されていた。間違いなく日本人の遺留品だろう。名前が彫られていないか、目を凝らしたが見つけられなかった。

再び厚労省職員に聞いた。
「（これまで硫黄島などで収集を行ってきたそうですが、それらと比べてこれらの遺骨の保存状態は？）軽いというか、土の影響だと思うんですけど、**痛んでいてそこまで保存状態は良くない**

ですね」

南方では高温多湿の気候が要因で遺骨の保存状態が悪いことが多いという。気になるDNA鑑定についても話を聞いた。**日本ではDNA鑑定の検体は歯に限られている。**エナメル質に守られているため比較的DNAの保存状態が良いからだという。

「（ここにある歯は全て検体となりますか？）一体、一柱と確定された歯に関しては検体として持ち帰りますが、**集団で六柱となった場合は、混ざっているため個人は特定できません**ので、日本人と判れば焼骨します」。

個体性（一体であることが明らかな状態）があるものだけがDNA鑑定の対象で、集団で出てきた遺骨は歯であってもDNA鑑定は行わないということだった。

鑑定を行っている間、井本さんは片山団長をテディムの野戦病院跡に案内した。

斜面に木が生い茂っている所だ。何でも四十年ほど前、当時の厚生省がテディムに入ったときに来たことがあるという。井本さんは片山団長に説明した。

「私がインタビューで聞いた話によると、ここは相当深く、相当入っていると。一九七四年に日本人の方が来られて掘られ、腕時計などを見つけたけれども、たくさんの遺骨を見つけてはいないと。ここで看護師をしていたおばあさんがそのことを語ってくれて、ここにいっぱいまだ入っているということなんです」

片山団長は少し腑に落ちない様子だった。

「情報によりますと厚生省は一九七四年に発掘調査をしていて、ご遺骨は見つかっていないということなんですね」

（井本さん）「ここの人たちは、みんなここにあるって言っていますね。なので掘るのは極端な話、いつでもできるじゃないですか。やっぱり今回厚労省が示したように調査中心で、とにかく**古老が生きている間にどれだけ多くの情報を、どれだけ場所の特定ができるかが勝負**だと思うんです」

片山団長は記録をつけて早々に引き上げた。

夕方になり活動が終わると、一行は事務所近くの小さな食堂に集まった。片山団長によるその日の活動報告と翌日の内容確認が日課となった。この日はテディムに収容された遺骨が鑑定の結果、日本人八人と歯の雑骨（複数人が混ざっているため数が確定できない）と報告された。これでようやく日本に帰れるのだ。

トンザン～トゥイキアン

二十五日。早朝から出発した一行は、テディム道をひたすら北上しインパールへの進撃路を走り続けた。目的地はトゥイキアン村。日本軍の野戦病院があったところで、**山一つが埋葬地**になっているという。この辺りもアラカン山脈に囲まれた絶景が広がっているが、**ガードレールがない**

ので多少怖い。所々道路工事が行われていて、何度も立ち往生した。

かつてゾーミ王族の家があった、トンザンという町で朝食を取る。天空の村ともいうべき所で、雲みたいな霧（いや霧みたいな雲か）が眼下にたれ込めていた。学校もあり、小さな商店が軒を連ねている。甘いチャイと揚げたパンが私には朝からヘビーで、近くの商店で売られていたバナナを食べた。食堂では若者たちが肩を寄せ合って朝食をとっていた。

この辺りも秘境と呼ぶのにふさわしい美しい所で、人々はつつましく暮らしている。テディムよりもっと貧しい感じがした。ここはかつて三三師団二一五連隊（左突進隊）が戦った場所で、インパール作戦から引き返した際、**連隊長が敵の砲弾に当たって壮絶な死**を遂げた。

トンザンを後にし、山道を分け入るとマニプール川へ突き当たった。インパール作戦の緒戦、日本軍と連合軍が激突した場所だ。橋らしきものはない。雨季だと渡れそうにないが、水かさの少ない川を渡って北上を続けること六時間、小さなトゥイキアン村に到着した。

車を降りた一行は井本さんと地元の男性に率いられ、徒歩で山を登っていく。山肌に小さな窪みがある。ここで複数人の歯が見つかったという。これらの遺骨は既にテディムへ収容されていた。

発見した男性は説明した。「三十年から四十年ほど前、みかんを植えるために肥沃な場所を探していて、それで**ここを掘ってみたら遺骨が出て**きました。ここは使わないほうがいいかもしれないと他の人から言われました。ここが日本軍の病院と墓地であることは知っていました。四柱ほど、折れた足や手の遺骨を見つけました。集めて埋められたようです。一柱ではないのは確かです。いっぱい見つかりました」

さらに高低五十メートル、長さ五百メートル以上の範囲の山肌に、五メートル間隔で墓があり複数人で埋められているとのこと。村人によると少なくとも百人、多ければ一千人は埋葬されているだろうということだった。

インド国境に近いトゥイキアン村

片山団長に調査の所感を聞いた。

「野戦病院跡の状況などを見てきた次第ですが、これにつきましては、今後引き継ぎ調査などを行っていく中で、ご遺骨が眠っているか否かを確認していかなければいけないと思います」

日本に持ち帰って決める、ということだろう。確かにこれだけの規模を発掘するには重機が入れるのかどうかもわからないが、かなり大掛かりなものになるので計画が必要だろう。ただ、ここまで来るのに**テディムからでさえ六時間という距離**だ。それに雨季はまず行けない。人が行きにくいところにこそ、遺骨は置き去りになっている。**果たしてあと何回ここに通えば発掘に漕ぎ着けるのだろう。**

埋葬地の山を眺め私は途方に暮れた。

一方、成井記者は井本さんに率直にぶつけた。

「僕はせっかく厚労省が来ているのだから、いっそ掘ってくれないかなと思ったんですけど、そういうことを思ったりはしませんでしたか？」

「まぁ正直思いますね。というのは、そう来れるとこではないし、来た時にやらないと。今回は既に出てきたご遺骨だけを持ち帰ろうという、最初からそういう計画なんでしょう。あとは見られるところを見て、また次考えようってことじゃないんですかね。でも僕は諦めていません。**今回ちょっと掘ってくれないかな**とずっと思いながら」

三十九年ぶりにようやく叶えられた国の現地入り。それなのに、井本さんが既に調査を終えた埋葬地を見学し、記録するだけで終わってしまうのだろうか。土地の発掘に事前の許可がいるのはわかる。だが、**許可申請も発掘も、やれるのは国の他にない**のだ。

その日の夜、井本さんが口火を切った。

試掘できないか

六時間をかけてテディムに戻り、夕食を取りながら片山団長が今日の総括と明日の予定を話した。明朝、事務所に安置された八人の遺骨を収容してテディムを引き上げ、午後一にはカレーミョウへ戻る。午後から日没までの時間を有効に使うため、井本さんが提案した。
「カレーミョウから北の平地の方にある、ギコン村とミンタ村。ここからも日本兵の遺骨があがっています。ギコン村に関しては、一体丸ごと出て、家主が保管しています。成田山のお守りと一緒に出てきたので間違いないと思います。ミンタ村の方はやはり一体丸ごと出てきたらしいんですが、家主の女性が気持ちが悪くて頭蓋骨だけ捨てたっていうんですが、敷地の隅に捨てているんです」

そのミンタ村の家主の女性というのは家の敷地内で一体の遺骨と遺留品を発見したが、ミャンマーでは遺骨を不浄のものとすることが多く、頭蓋骨については気味が悪くて敷地内に捨て、その他の遺骨は保管した。井本さんは前年の夏、この女性を訪ねて保管された遺骨と遺品を確認していた。

「一応厚労省の方から発掘はしてはいけないと指導を受けているので、埋められた頭蓋骨には我々は手を付けていないんです。本人はそこに捨てて、まだどこかに埋まっていると言っているんですが、**こういうケースの場合は少し試掘できるんでしょうか。それとも、また次の機会なんでしょうか。**その遺骨もパイロット社の万年筆や不凍液のチューブですとか、銃弾などと一緒に出てきています。まず日本兵のものだと思うのですが」。

その場にいた全員が片山団長の返答に注目した。

「頭蓋骨を家主が放置したという場所が特定でき、**家主がいいと言ってくれれば、その場で試掘したい**なと思っております。今の話を聞く限りですと、そんなに深くないと思います。ただこの場合でも、行政区に連絡をしておかないといけません。それで、家主がいいって言ってくれれば、頭蓋骨も持ち帰りたいと思います」

誰よりも目を輝かせたのは井本さんだった。

「ありがとうございます。そこがちょっとモヤモヤしておりましたので」

皆が安堵した。

遺骨とともに出発

翌朝六時。この日は清々しい朝で、朝日が町にぱっと差し込んでいた。テディム最終日、遺骨を収容する。熊五郎さんの事務所で井本さんは、一人遺骨を前に手を合わせた。

それから皆で拝礼したあと、厚労省職員の指導の下、発見場所ごとに用意された白い袋に納骨することになった。

「クイックルで見つかった、集団四柱全部を二袋に分けてお願いします。頭は最後に、上にお願いします。一人一組でお願いします。頭以外は順番は考えずに入れて構いません」

井本さんも**ひとかけらずつ手にとり、押しいただいた。それぞれの発見した時のことを振り**

返り、何かを祈っているように見えた。

井本さんは頭蓋骨の一部を大事そうに両手で抱え、少し躊躇した。「崩れちゃっていいですか？多分袋に入れると崩れると思うんです」「入れて大丈夫です」。片山団長が答えると、井本さんはもう一度拝んで袋へ収めた。支援者とともに粉々になった破片まですべて残らず収めた。

「井本さん、ようやく連れて帰れますね」。私が声をかけると、井本さんはこみ上げていた感情が決壊したように表情を崩した。「はい。嬉しいです」「ずっと悲願だったですもんね」「そうですね。良かったですね。…まぁでも、これからが始まりなので」

前回の取材でテディムを訪ねた際、桜が咲いていた。十一月から二月にかけ咲く山桜だった。**次の桜が咲く頃には日本から迎えが来ますように**と願ったが、それが叶えられようとしていた。井本さんらは八人の遺骨を胸に抱き、ゆっくりと事務所を後にした。

８人の遺骨を抱く井本さん

ギコン村

テディムから山を下り、拠点となるカレーミョウの定宿へ戻った。体制を整え、北へ車で十五分ほどのギコン村へ向かった。民家の敷地から成田山のお守りとともに見つかった一柱を住民が保管してくれている。私たちの到着を家族や近所の人たちが総出で出迎えてくれた。川のすぐ傍に集落はあるのだが、本来の家屋は去年夏の洪水で流されたという。現在は細い柱にトタンとブルーシートを被せただけの小屋に仮住まいしている。大変な状況のなかでも、遺骨と遺留品は大事に保管してくれていた。

井本さんは片山団長を家主の元へ案内した。**小さな円卓にはテーブルクロスが敷かれ、一人分とみられる手足の骨、細々とした骨片、遺留品の短剣、成田山の焼印の入った板状のお守り、小判状の仏像のお守り、シャツに着いていたような小さなボタンなどがきれいに並べられていた。**特にお守り二つは破損することもなくきれいな状態だった。

家主の女性、ティティムさんに話を聞いた。

「家の掃除をしていたときに頭蓋骨を見つけ、その後、他の部位の遺骨や遺留品が出てきました。一人です。頭蓋骨には歯もついていました。ただ頭蓋骨は怖くて川に捨ててしまいました。**日本人にとって遺骨はとても意味がある**と聞きました。遺骨を探していると聞いたので保管していました」

片山団長は発見された場所と当時の状況をティティムさんに聞き込み、鑑定人は遺骨や遺品すべてをくまなく確認していた。片山団長が皆に告げた。

「今こちらで発見されましたご遺骨につきまして、遺骨鑑定人の方に鑑定をしていただきました結果、先ほどの発見現場と共に、当時お住まいだった女性の方の証言なども踏まえまして、**日本人戦没者一柱と鑑定**が出ました」

井本さんは、「よし！」と頷いた。これでもう一人、日本へ連れ帰ることができる。

初の発掘

二十七日。早朝からカレーミョウを出発し、**北方面のザガイン管区ミンタ村**へ向かった。インパールへの進撃路について大まかにと言うと、三三師団はチン州（テディムやトゥイキアンなど）の西回りの山越えルートなのに対し、十五師団はザガイン管区、まっすぐ北向きの平坦なルートをとっている。時間にしておよそ四時間、インドへ続く一本道をひたすら走る。

ミャンマーのドライブというのは、いつも落ち着かない。珍しく平坦なアスファルトの一本道なのに、チンドウィン川の細い支流がいくつも交差しているため、その度に鉄橋を渡らなければならない。**この鉄橋というのが鉄骨鉄板むき出しの、実に簡素で老朽化したもの**だった。ロケ車はトヨタのハイエース九人乗り。薄い鉄板を並べて渡しただけの橋で、「**本当にこれ大丈夫なの？**」と躊躇してしまう。

スーッと行ってはガタガタガタガタガタ、渡る度に鉄板の振動と騒音が体につきささる。そんな中、私はずっと考えていた。ミンタ村に保管しているという一人の遺骨。そのうち頭蓋骨は、四年前に家主が気味が悪いと敷地内のゴミ捨て場に埋めた。二日前、井本さんが調査団へ発掘しないのか尋ねると、片山団長は家主の許可が出れば発掘し、見つかったら持ち帰ると言った。頭があるのとないのとでは、尊厳的な意味が全然違う。国の立会いのもと、ぜひとも発掘を行って収容したい。もし、そのための最善策を取らなかったら、**井本さんだけに任せるのではなく、私も抗議しよう**と決めた。ここで優秀すぎるコーディネーター、アウンさんが機転を利かせてくれた。偶然にもロケ車のドライバーの親戚がこの道中に住んでいるという。**アウンさんはシャベルを借りてきてくれ、秘かに車に積みこんだ。**

ミンタ村に着いた。ミャンマー農村部では一般的な、高床式木造の藁葺き屋根の集落があった。そばには小川が流れている。遺骨を発見した家を訪ねると、家主は熊五郎さんに遺骨と遺品の入った袋を手渡した。円卓に中身を出すと、**遺骨の破片や弾薬、『Made in Japan』と刻印されたパイロット社の万年筆、不凍液、ベルトのバックル、腕時計の鉄のフレーム、歯ブラシなど、一人分の携帯品と装備品**があった。

片山団長は家主に聞いた。「遺骨の一部が埋められていると聞きました。案内してもらえないでしょうか」。家主は裏庭へ連れて行き、小さな川の土手状になっているところを指差した。枯れた枝葉で覆われている。「頭をここに捨てました。以前はこんな風になっていませんでした」。**去年夏の洪水で土手はえぐられ、埋めたという場所はもとより母屋のある一帯まで水に浸かった**

という。片山団長は願い出た。「このあたりを探させていただきたいのですが、いいでしょうか？」。きた。私はアウンさんへ「シャベルを持ってきて」と指示した。家主は承諾し、枯葉を取り除き始めた。十センチほど枯葉に覆われていた。井本さんもしゃがみ込み、素手で枯葉を払い始めた。**厚労省調査団は、シャベルなど道具を持ってきていなかった。**片山団長はアウンさんが走って持ってきたシャベルを「ちょっと貸して」と取り上げ、熊五郎さんの部下の若い男性に渡し、ついに発掘作業が始まった。

ザク、ザクッ。枯葉と固い土を割く乾いた音が響く。若い男性は力任せに掘り出す。土は相当固いようだ。井本さんも片山団長も、その様子を食い入るように覗き込む。掘り上げた土は川へ落としていく。

発掘作業は、その場にいたドライバーなども含むミャンマーの若手男性たちが、持ち込んだ三本のシャベルで交代しながら行った。少しあっけに取られた。厚労省は発掘に関して民間人は掘ってはいけないなどの厳格な規則を設けていたため、井本さんは愚直に守ってこれまで一切掘らなかった。ところが**厚労省職員が立ち会いさえすれば、たまたまその場にいる人に方法などの指導もなく発掘**させた。

ともかく、発掘は勢いよく進んでいった。ゴミ捨て場に捨てたのだから、そう深いところに埋まっているとは考えにくいのだが、発掘開始から十数分が過ぎて何も出てこない。見守っていた片山団長の顔には汗が噴き出していた。

家主が素手で土を掘り返して言った。「**水に流されたかもしれない**」。去年夏の洪水が原因なのだろうか。

作業をじっと見守っていた井本さんは、ため息交じりに片山団長に言った。「ないですね…」。片山団長はたまらず、掘り返した土を素手で探し始めたが、観念したようだった。

（片山）「家主の話ですと、去年洪水でこのあたり（土手より八十センチほど上）まで水がきたと。土手の下の方まで家主さんに手伝ってもらったんですけど…」。悔しそうに土手を見やった。

（井本）「僕が来たのは洪水の前だったんです。来たときと景色が違っているんですよね。以前は草が茂っていて。**その時掘っておけばよかったんですよね**」。

作業は中止された。初めての発掘は何も出てこないまま終わった。
戦後七十年が経ち、井本さんが一貫して言ってきたのは、早く調査をしないといけないということ。当時を証言できる現地の古老は高齢化し、少なくなっているからだった。それが今回、**気象が要因で地形が変化してしまう**という別のケースに直面することとなった。井本さんはがっ

くりと肩を落とした。

「障害だらけですよね。例えば**我々民間で試掘が可能なら、いくらでもできます**ので、遺骨があるかどうかの確認まで行い、遺骨があればそれ以上は動かさない。あるいは取れた分はサンプルで保管してもらえば確実です。でも、規則で掘ってはいけないと言われていますので、僕たちは場所を特定することしかできない。洪水の前に来ていたので、その時掘っておけばよかったんですよね。出てくるはずだったんですけどね、自分の中では。ちょっと残念です」。

片山団長は言葉を詰まらせながら、私たちの取材に応じた。

「ご遺骨を保管してくれた、家主や住民にお礼を申し上げたいと思います。本当に残念なんですけれど…私どものほうも頭骨は…ぜひとも一緒にご帰還いただきたかったので、残念です。川の間際に捨てていたり、洪水があったり、いろんな条件が重なって。仮定の話をしても仕方ないですが、洪水がなければということもありますし…。ただ今回保管されていた遺骨は日本に帰還いただくことになります。

（いち早く調査・発掘に取り組んだほうが良いと改めて思いましたが？）**少しでも早くご遺骨の調査収集が必要**かと思います。（民間に試掘までやってもらうなど、役割を拡大しても良いのではないですか？）今回の調査結果について、私どもが戻りました後で報告してまいりたいと思います」

発見された遺骨は日本人と判定された。井本さんの聞き込み調査によると、インパール作戦より前にあった空襲で亡くなった兵の遺骨という。恐らく十五師団に所属した京都の連隊ではないかと想像できる。

頭蓋骨は見つからなかったし、万年筆などの遺留品に名前も記されてはいなかった。ただ、歯が三本残されていたことは良かった。個体性も明らかなのでＤＮＡ鑑定への道が残されているかもしれない。

インダンギーへ

ミンタ村を引き上げ、次に向かったのはインダンギー。いよいよ**群馬の奈良信一郎さんが亡くなったとされる、三三師団第二野戦病院の跡を確かめる**時が来た。

日没が近くなっていた。まずは貴重な証言をしてくれたウー・ラさんを訪ねた。高床式の大きな家で、一階部分がリビングのようになっている。そこにウー・ラさんが座って待ってくれていた。顔つやの良い、いかにも壮健そうな古老だ。「ビョーイン」も「イチカワ」もよくぞ覚えていてくれた。私は感謝を込めて握手をした。

井本さんはウー・ラさんに頼んだ。

「せっかくですので、覚えている日本語をちょっと言ってみてください」。

ウー・ラさんは指を折りながら大きな声で数えた。

「**イチ、ニ、サン、シ、ゴ、ロク、ナナ、ハチ、ク、ジュウ、ジュウイチ、ジュウニ、ジュウサン、ジュウゴ**」。

十四は抜けていたが素晴らしい記憶力だ。これだけではない。「オイサ、オイサ」と腕を上げたり下げたりして運動する真似をしたり、「ケイレイ！」したり。「オチャヲノミナサイ」と腕を差し出したり。**日本兵と親しい交流があった**ことが伺えた。

「そこはビョーインと呼ばれていました。**百人を越える日本兵がいた**と思います。亡くなるとそこへ埋められたといわれていましたが、私はまだ子どもだったのでそこへ入ったことはなく、よくわかりません。年上の人たちからそう聞きました。イチカワという人を覚えています。イチカワです。少佐(メジャー)でした。ビョーインの手前には寺があって、彼らはそこにも滞在していました。私はそこで一緒にご飯を食べました。彼らは私にとても良くしてくれ、注射や薬を処方してくれました。傷ついた兵士は夜にビョーインへ送られていたようですが、私は小さかったので見ていません」

ウー・ラさんはイチカワという名をはっきり口にした。奈良信一郎さんの上司であろう、三三師団二一五連隊の市川清義大隊長と同一人物であって欲しい。

一行はミャンマー国軍基地内にあるビョーインを訪ねることになった。井本さんは私たちにこっそり提案した。

「私が基地内に入っていいことになった時には、**誰か一人、小さいビデオカメラを持って着いて来ませんか？**この大きなカメラは、ダメと言われるかもしれない」

井本さんと私たちとで独自に情報を集めた三三師団第二野戦病院の跡地。その取材をどれ程進めたいか、井本さんは十二分にわかってくれていた。もちろん、ぜひにとお願いした。

基地前に到着した頃には、どっぷりと日が暮れていた。基地は相当広いようで、一見すると建物などは何も見えず森のようだが、周囲には柵が設置されている。しばらく待っていると軍の関係者から「**日本人は五人入ってよし**」との許可があっさり下りた。やった！ミャンマーのこういう点での未成熟さは本当に有り難い。井本さんと三人の厚労省職員、そして福山カメラマンが小型カメラを持って、基地へと入っていった。

「うわぁっ。怖いんですけど」「ええ、**国軍怖いんです**（笑）」「ここは国軍の敷地内ですか？」「敷地内です」

VTRはスタスタと歩いていく井本さんと、後ろからピッタリついていく福山カメラマンとのやりとりから始まっていた。ほとんど手入れされてなさそうな、鬱蒼とした土地が広がっている。

「この一帯が、日本軍の三三師団の第二野戦病院の跡地になります」。

井本さんがリポーターのようにカメラに向かって説明してくれた。「そして、そこにある池の向こう側の林の中が、埋葬地になっています」。井本さんの説明とほぼ同時に、ミャンマー国軍の関係者が「あそこだ」と同じ方向を指差した。井本さんは埋葬地へ歩みを進めた。平坦な草むらが現れた。その周りを取り囲むように林になっている。

33師団 第2野戦病院の跡地(推定)

「もう、ここってことですよね?」「ここです。ここが埋葬地。ある時期になると国軍が野焼きするそうで、跡の場所がよくわかるそうです。野焼きすると木がなくなるので」「例えば掘ったとすると相当なものが?」「相当出ると思います。ここは師団の病院でしたから。チン州の山の中の最前線の小さな部隊の野戦病院とは格が違いますから。記録によると、奈良信一郎さんもこの野戦病院で亡くなっているはずなんです」

ここだ。ここであって欲しい。ここに奈良信一郎さんが眠っていて欲しい。

片山団長が軍の関係者に聞き取り調査をして記録を付けているところが映し出された。これで、三三師団第二野戦病院の存在を国に認識させることができた。**ミャンマー国軍との調査発掘の交渉は、日本**

政府にしかできない。

片山豊さんの埋葬地

翌日、私たちは片山豊さんの埋葬地調査を行った。

片山豊さんとは、前回のテレメンタリーを観て私たちにお手紙を送ってくださった、山口県の片山輝子さんの義父である。豊さんはインパール作戦中の一九四四年五月、第一〇五兵站病院で病死した。陸軍の記録によると、一〇五兵站病院はカレワ、コンジー、マニウに設置されている。私は事前に井本さんに調査を依頼したところ、熊五郎さんが関係する埋葬地を調べてくれていた。

クルーはカレーミョウから西に向かい、チンドウィン川の渡船場に着いた。この河畔地域がカレワだ。川は茶色に濁っているが、対岸はすぐに見通せる。この川は、日本軍にとって因縁の川だ。**インパール作戦に向かう際、牛に武器や食糧を背負わせて川を渡ったのだが、多くの牛が溺れていったた**という。そして退却する時も、この川を渡った。今では車も船に積み込めるし、わずか五分ほどで簡単に渡ることができる。

情報をくれた地元民のタウンジーさん（50）が案内してくれた。道なき道や、時には乾季で干上がりかけた川の中をも進んでいく。間違いなく、この辺りは雨季には来られないだろう。二人乗りバイクも水しぶきを上げながら果敢に走っていた。

病院があったという村に案内された。**ここで私たちに奇跡が起きた。向かっている村の名は、コンジー。その村こそ、一〇五兵站病院を置いた地として陸軍記録に記されていた場所だ。**渡航前、コンジーを地図で全く探すことができず、きっと小さな村なのだろうと想像するしかなかった。

コンジー村に着いた。集落を抜け、タウンジーさんが自分の家に案内してくれた。「さぁ、上がって、上がって」。高床の家に上がると、古老が一人座って着替えをしていた。父、マイン・ロンさん(90)。当時この村に駐留した日本軍と病院について知っているという。

「こんにちは(ミンガラーバー)!」

成井記者が元気よく挨拶をし、握手した。

「日本から来ました。戦争で亡くなった日本兵を探すために来ました」

アウンさんが通訳した。すると**マイン・ロンさんは顔をぐしゃぐしゃにし、声を上げて泣き出した。**

「何で泣いているの?」

マイン・ロンさんは何かを言いたそうだったが、声にならなかった。

「きっと懐かしくて悲しいから、父は泣いているんですよ」

タウンジーさんが答えた。**成井記者は二十三歳、確かに日本兵と同じ世代だ。記憶が呼び覚まされたのだろうか。**こんなふうに溌剌とした挨拶を交わしたかもしれない。私が聞いていたら、こうはならなかっただろう。

「日本の兵隊はどうでしたか?」「この村には日本人がいっぱいいましたよ。ちょうどあなたくらいの年齢だった」。マイン・ロンさんはゆっくり答えた。この村には十五人ほどが駐留していて、病院と墓地があったという。


陸軍記録によると、第一〇五兵站病院の病院長は、矢野秀雄という人物だった。

「ヤノという人は知りませんか?」。

マイン・ロンさんは少し考えて答えた。

「ヤノさんという名前は聞いたことがある。でも話したことはない」

ヤノという人がいたことがわかった。フルネームではないが、有力な情報を得ることができた。マイン・ロンさんは病院と墓地の場所も覚えていた。「大きな川と小さな川が合流するところ。日本兵の遺体はトラックで運ばれました。遺骨がいっぱいあったから、私たちは換金するために金歯を探したものです」。


タウンジーさんが、父の記憶や村の言い伝えをもとに病院と墓地へ連れて行ってくれることになった。大きな川の傍には牛が放し飼いにされていた。林の中を分け入ると、またも突然、広々とした草原が現れた。

「この辺りです。ここは日本軍の墓地だったところです。**日本軍は山の向こうの病院から遺体**

をここまで車で運んで埋めたようです。掘ったことはありません。ミャンマー政府に禁止されていました」

第一〇五兵站病院の埋葬地と見られる跡は手付かずのまま残されていた。片山豊さんもここに眠っているのだろうか。

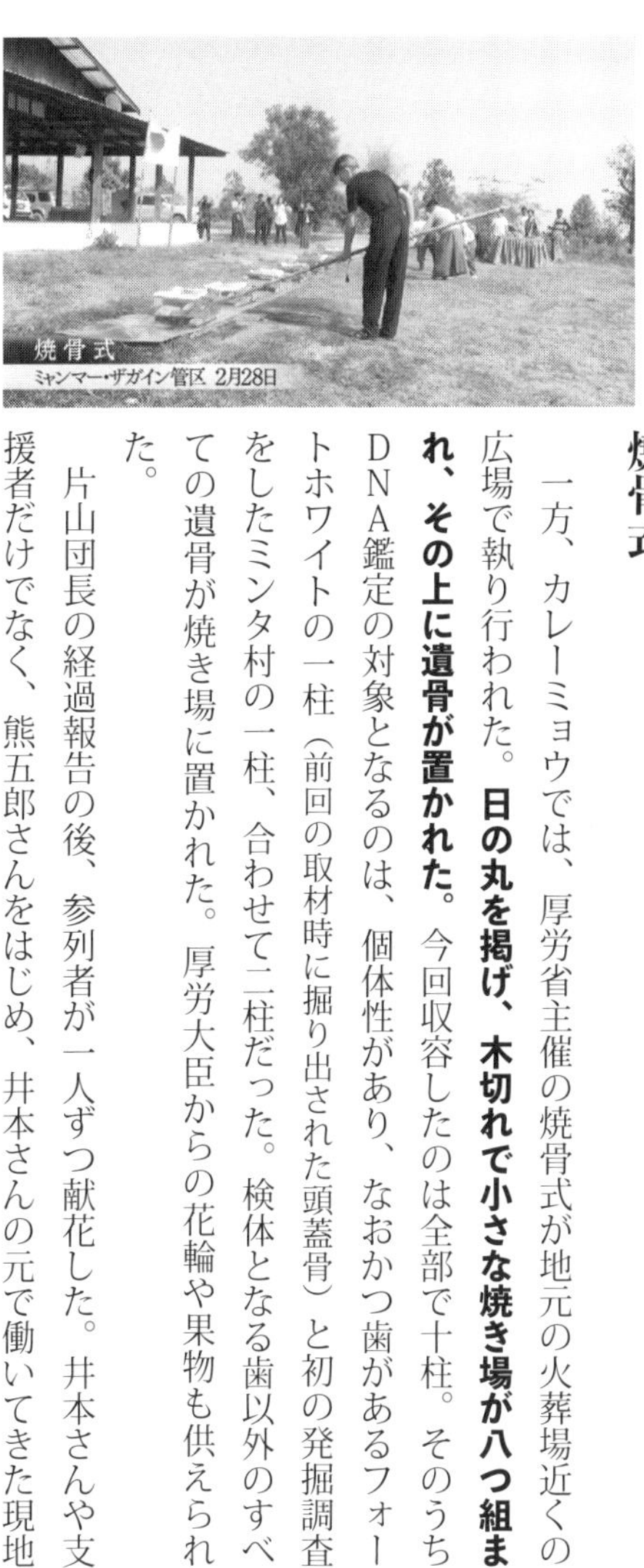
焼骨式
ミャンマー・ザガイン管区 2月28日

焼骨式

一方、カレーミョウでは、厚労省主催の焼骨式が地元の火葬場近くの広場で執り行われた。**日の丸を掲げ、木切れで小さな焼き場が八つ組まれ、その上に遺骨が置かれた。**今回収容したのは全部で十柱。そのうちDNA鑑定の対象となるのは、個体性があり、なおかつ歯があるフォートホワイトの一柱（前回の取材時に掘り出された頭蓋骨）と初の発掘調査をしたミンタ村の一柱、合わせて二柱だった。検体となる歯以外のすべての遺骨が焼き場に置かれた。厚労大臣からの花輪や果物も供えられた。

片山団長の経過報告の後、参列者が一人ずつ献花した。井本さんや支援者だけでなく、熊五郎さんをはじめ、井本さんの元で働いてきた現地事務所の方やドライバーたちも行った。

「**点火！**」

厚労省職員の号令で、井本さんらは一斉に火のついた棒を焼き場に入れた。みるみるうちに遺骨が炎に包まれ、黒煙が立ち上り始めた。井本さんは、その様子を人目を憚らず涙を流してじっと見ていた。

「**やっと帰られる日が来ましたね。**本当に良かった。思い出がいっぱいあるので。みんなに献花してもらって良かったです。ドライバーさんから何からみんなのおかげで、ついに日本に帰られる日が来ました。まだまだこれからたくさん眠っておられるので、頑張っていかなければならないですよね。でも、まず第一弾として良かったです。感無量ですね」

そう言って、涙を拭った。

厚労省は厳格につつがなく式を挙行した。恐らくどの国・地域でも収容すればこのようなセレモニーを行っているのだろう。国の式典は無宗教で行われるため、井本さんは厚労省へ、式後に供養させて欲しいと事前に頼んでいた。**焼かれていく遺骨の前で、日本から来た井本さんの二人の僧侶仲間、小島知広さんと川原光照さんが読経をし、皆で線香をあげた。**手厚く荼毘に付され、私も感無量だった。

だが、私はこの時不勉強で気がついていなかった。遺骨は焼いてしまうと、二度とＤＮＡ検体を採れないということ。**歯だけではなく、手脚などの大きな骨からもDNA検体は採れ、アメリカや韓国では一般的に行われていること**。焼骨して荼毘に付すという日本人が当たり前に行う死者への弔いは、DNA鑑定という観点に立てば、家族の元へ還すチャンスを奪っているということを。

タッコンで聞き込み

二十九日。厚労省の現地調査は一通り終わったため、私たちはいったん井本さんと調査団から離れ、二日間別の取材を行うことにした。今度は福岡県の三原光さんの父の埋葬地取材だ。カレーミョウから空路三十分ほどでマンダレーへ到着。そこからまっすぐに南北を貫く高速道で南下し首都ネピドーを目指した。

ネピドーは二〇〇六年に、ヤンゴンから遷都された。元々軍用地だったところに突如できた官庁街で、**こんなに栄えていないというか、人のいない、何もない首都というのも珍しい**と思う。とりあえず土地はたっぷりありそうだ。国際会議はネピドーで行われるため、空港は真新しくてきれいだし、豪華で大規模なホテルがいくつも並んでいる。国会議事堂の前には幹線となる二十車線道路が貫かれていて、有事の際には滑走路になるらしいが、普段は車もまばら、人っ子一人歩いていない奇妙な首都だ。

三原光さんの父、豊さんが戦闘死したタッコンは、ネピドーから車で一時間ほど北にある。三月一〜二日、私たちは現地の人々に話を聞いて回った。

ミャンマーというのは、たいていどこの町に行っても太平洋戦争当時や日本軍を知る古老がいるもので、しかもほとんどが皆壮健である。この町でも運良く四、五人の古老に話を聞くことができたのだが、日本兵の目撃情報はあまり得られなかった。というのも、**タッコンは戦闘地だったので、地元住民は当時、別の町へ避難しており、日本兵の様子や戦闘をほとんど見ていない。**ましてや、埋葬地がどこにあるかを知っている人は皆無だった。

初めてこの地に入った外国人の私たちが、容易く有力な情報源に出くわせるほど、遺骨調査は甘くはない。それでも諦めずに聞き込みをしていると、「ダムの近くで戦闘があったよ」という情報を得た。時間的にもこれが最後の取材となりそうで、ダムの近辺に急行した。グエジー村という、タッコンの街中から西に少し離れた場所だ。近くの集落で古老がいないか聞いてみたところ、**なんと日本兵と戦ったという元ゲリラ兵、チェ・ミャイさん（90）が集落の奥からゆっくりと現れた。**

「日本軍の一つはこの道路から来ました。三つの方向から三師団がタッコンへ来ました。私たちはここに待機し、攻撃しました。この辺りは日本兵が百人以上亡くなりました。戦争に負けていたから食糧もなくなり、疲れている様子でした」

三つの師団がタッコンとその周辺を通過したことは、戦史にも記録されていた。その中に、三原豊さんの四九師団一六八連隊が含まれているかどうかは確認しようがなかったが、私は質問した。

「亡くなった百人は、どこかに埋葬されましたか？」「戦闘している最中なので、そのまま放っておきました。兵士の肉は野生の動物に食べられたようです。**誰も埋葬していません。日本兵は時間がなかったのではないでしょうか。**それ以上のことは時間が経っているからわかりません」

元日本兵の今泉清詞さんは、亡くなった戦友を埋めたりしなかったと話していた。時間的にも体力的にも埋葬する余裕などなかったからだ。

奈良信一郎さんや片山豊さんのように病院で亡くなった場合は、陸軍の記録や現地調査である程度埋葬地を推定できる。一方、戦闘で亡くなった場合、推定は困難といえる。いたるところが「白骨街道」で、そのまま野ざらしにされてしまった。今泉さんの言葉を現地でまざまざと実感したところで、私たちの取材も時間切れとなった。現地から福岡の三原光さんへ電話で報告した。

「本当に見つかったら幸いと思っとったんですけど、反面は僕は諦めちゃおるんですよ。わかるわけない。あれだけミャンマーの広いとこ

チェ・ミャイさん

ろでね、うちの親父が亡くなった。今の日本だったら何丁目何番地のどこどこっていうのは分かるけど、**雲をつかむようなことじゃないか**なと思う。でも、ひょっとしたら、っていうのはあったんですね。でも、ありがとうございます。それだけ気にかけてもろうて」

ただ、これで終わりじゃない。シロウトの私たちがたった二日調査しただけのことだ。私は三原さんに「**諦めないでいましょう**」と伝えた。絶対に諦めない井本さんと強力な調査隊がいるのだ。**その二ヵ月後、パオ族調査隊とワ族調査隊はタッコンで埋葬地をいくつも発見する**のである。

祖国日本へ

タッコンの取材で汗と土埃まみれになった私たちは、ネピドー空港からヤンゴンへ。遺骨を携えて帰国する井本さんを成田空港で待ち構えるため、一日先に帰国した。

三月四日早朝、飛行機の成田到着は六時四十五分。私たちは到着ロビーにカメラを据えて待ち構えた。厚労省の吉田室長以下数名の職員と、熊本の川原英照さんはじめ帰国運動の方々が出迎えに来ていた。

その便の乗客の先頭を切って出てきたのは、袈裟姿で合掌する僧侶、小島さん。その後ろに遺骨箱を抱えた日本政府ミャンマー和解担当代表の笹川陽平さん、片山団長と続いて、喪服姿の井本さんが現れた。遺骨は笹川さんから吉田室長に引き渡された。井本さんは一礼をして、川原さんに出迎えられた。

「どうもありがとうございました。やりました」

井本さんは川原さんと抱き合って、泣いた。

「きつかったけど、なんとか。でもこれからですから。頑張っていきましょう。ミッションコンプリートです」

最後は井本さんらしくガッツポーズを見せた。井本さんが再び事を成した瞬間だった。

厚労省主催の拝礼式では、塩崎恭久厚労大臣（当時）が遺骨を拝受し、こう述べた。

「厚生労働省としては、すべての遺骨を持ち帰る。その決意でもってこれからの調査を進めてまいりたいと思いますし、只今国会では議員立法で、遺骨収集をこれから十年かけて計画的に体系的に国を挙げてやっていこうという法律も、成立に向けて議論審議をしていただいているところでございます。遺骨収集帰還事業がさらに進むように、私どもも全力をあげてまいりたいと思いますので、皆様にはここまでの努力に改めて感謝申し上げるとともに、引き続いてのご指導と努力をお願いします。本当にありがとうございました」

セレモニーが終わると、井本さんの周りには取材陣が押し寄せた。いつものように丁寧に応じてくれた。

「嬉しいですね。これらの遺骨は現地に一年近く保管しておいたもので、現地に入る度に、私は日本に戻れるのに彼らは戻れなくて、後ろ髪を引かれる思いでした。しかし、今回ついに念願が叶って帰国という運びになり、こんなに嬉しいことはありません。一柱でも多く、できれば全員が故国日本に帰れるように、日本人として本当に美しくありたいと思います。七十年が経って、ミャンマーでは当時を知る古老たちが少なくなっています。所によっては、まだ内戦が続いていて、調査ができる状況にありません。しかし、内戦は収まる方向に向かっておりますので、**これから機会を逃すと、彼らの故国への帰還のチャンスは無くなってしまう**可能性が非常に強いと思われます。この機会に官民で力を合わせて、一人残らずという努力をしたいと思います。大臣から今、心強い言葉をいただいたので、現地の調査隊の皆に伝えます。**もし私が日本兵だとしたら、もっと寂しいところで眠ったまま、誰の関心も持たれず、ほったらかされたままですから、自分の国・日本で眠りたいです**。

私のゴールですか。日本の戦後はミャンマーでも終わっていません。日本人としては、精一杯未帰還の英霊の遺骨の帰還を進めると同時に、今民主化に、平和に向かっているミャンマーを応援していく。そして、**世界の最貧国の一つに数えられているミャンマーが経済的に自立して発展していく道筋**がつけられれば、私の役目は終わりかなと思っています。常に達成感を持ちながら次の使命、次の目的に向かって行きたいと思っています」

二作目完成へ

三月下旬、私たちは山口県の片山輝子さんを訪ね、改めて義父の遺骨が帰っていないことについて、片山さん自身の思いを聞いた。

「井本さん。あの人が遺骨の収集をされていることをテレビで知って私も驚いたんですよ。嘘じゃろかなと思ってね。日本へ帰してあげたいと言っていたから、**そういう奇特な人もいるんだ**と思って、びっくりしましたよ」

私たちはコンジー村の取材を短くまとめたVTRを観てもらった。埋葬地も紹介した。

「義父の供養になればなと思って、（KBCに）手紙を出したのも無駄じゃなかったですね。本当に一本の糸ですけど、わかるものなんですね。信じられないくらい嬉しいことです。やはり**思ったことを行動に移したら、必ず良いことがある**んですね」

片山さんはそう言って涙を流した。

「義妹ともね『**どんな場所で、どんな病院に入っていたんだろうか**』『**環境はどんなんだろうか**

ね』と話していました。本当の病院に入っていたのか、そうじゃないような病院もあるじゃないですか。たくさん戦死しているから『どこかにほったらかされていたのかね』とも話していましたよ。でも、このビデオを観て納得いきました。**山の上の寒い所とか、吹きさらしの所とかに、そのままの形でぽんと置いてあるのではなくて、埋めてある**しね。環境もあまり悪くない所だったから、本当に有り難いですよ」

片山さんに聞くと、遺族には義父の部隊や戦没した場所などは伝えられていなかった。それが今回、片山さんが厚労省や山口県へ調査を依頼したことで判明し、埋葬地の発見に繋がった。義父の無念さを慮っただけではなく、同じように**帰りを待ちながら無念のまま亡くなった義母や夫への思いの深さ**があったからだった。私はそこまで家族を思いやることができるだろうか。

一人で家を守る片山さんは、嫁の務めとして、毎月一度お墓参りをするという。

「もしかしたらね、ひょっとしたらね。遺骨が見つかるかもわからんからね。と言っておきました」

三月二十四日、戦没者遺骨収集推進法案が可決した。

そこまでの成果と課題をまとめた番組として、四月、全国放送のテレメンタリー『**ミャンマー**

五月にはテレビとラジオのローカル番組『**続ミャンマーのゼロファイター2～遺骨が日本に還る日～**』を、『**ミャンマーのゼロファイター～戦後71年・日本兵を還した男～**』を放送した。

『果てなき家路～戦後72年・進まぬ遺骨収集～』制作記（2016年5月～2017年5月）

タッコン埋葬地続々と発見

二〇一六年五月、二作目の番組制作を終えるとすぐ、井本さんから連絡が入った。

「パオ族調査隊ですが、タッコンでは見つからなかったようです。もう一度、荒木さんたちの情報をお知らせください。**すり合わせて再挑戦させます**」

福岡県小郡市の三原光さんの父、豊さんが戦死したミャンマー中部の町、タッコンにて三月に私たちは現地に埋葬地がないか調査・取材をした。一九四五年当時、タッコンは日本軍と連合軍の戦場となり、地元の人たちは避難を余儀なくされていたため、有力な埋葬地の情報は中々得られなかったのだが、唯一、日本兵と戦ったという元ゲリラ兵の古老から、ダム付近の戦闘で百人くらいが亡くなったという情報を得た。井本さんはこのエリアを担当するパオ族調査隊に調査を依頼してくれていたのだった。

私は取材で得られた情報と戦記のコピーなど、タッコンにまつわる全てを井本さんに送った。

それから**わずか二週間後、パオ族調査隊はタッコンで埋葬地の情報を得た。**さらにワ族調査隊も加わり、六月にかけて怒涛のように情報が寄せられた。**その数、推定百柱を越える**という。信じられなかった。現地では戦闘の目撃者が少なく、また戦闘地であるため遺骨が散逸してしまったのだろうというのがタッコンを取材した実感だった。現地調査隊は本当に素晴らしい。やはり遺骨調査とは、ぽっと飛び込んだ外部の人間が簡単に成果を挙げられるものではないのだ。戦闘死した三原豊さんを見つけられるとは言えないが、可能性がぐんと高まったことには違いないし、日本へ帰還できる遺骨が見つかるかもしれないのだ。諦めずに調査をしてくれた、二つの現地調査隊と井本さんへの感謝で胸が一杯になった。すぐに三原さんに報告した。

新たな展開

二〇一六年度、**井本さんの遺骨調査は新たな局面に**入った。

厚労省は井本さんから遺骨情報が数多く提供されたことを受け、**ミャンマーを「海外未送還遺骨情報収集事業」の対象国に加えた**のだ。

この事業は二〇〇六年度に始まった。遺骨情報の減少などにより収容が困難になりつつあるため、**民間団体などの協力を得て海外未収容遺骨の集中的な情報収集を行う**というもので、フィリピンや東部ニューギニア、ビスマーク・ソロモン諸島、インドネシア、旧ソ連地域で行われてきた。

井本さんにとって、これまでと何が大きく変わるかというと、情報収集に国の予算が充てられることだ。国は二〇一六年度、五カ国・地域に一億一千万円余りを計上。ミャンマーについては、初年度で試験的な部分もあるため一千万円が充てられた。井本さんと現地調査隊の調査には、年間一千二百万円程がかかっていたので、国の予算がつくのは大きな前進である。

そしてもう一つの大きな変化は、**民間による試掘が可能になる**ことだ。これは井本さんがずっと願ってきたことだったし、つい先日、ミンタ村に埋められていた頭蓋骨の発掘が遅れたため洪水で流されたとみられ、発見できない事態があったばかりだった。

国が委託したミャンマーにおける民間団体は、海外未送還事業で実績のある「JYMA日本青年遺骨収集団」が代表という形をとり、「ミャンマー／ビルマご遺骨帰国運動」と「全国ソロモン会」の三団体が共同で事業にあたることになった。井本さんらが収集した情報を元に各地で発掘にあたってきた団体が加われば、より良い方法で収集ができそうだ。**井本さんのボランティア活動と帰国運動の寄付頼みだったミャンマーの遺骨収集は飛躍的に進む**だろう。新法も施行され、期待は大いに膨らんだ。

その最初の事業が、雨季が明ける十一月初旬にタッコンで行われることになった。井本さんがタッコンでの発掘調査を提案してくださったのだ。何と有り難いことだろう。私たちは三たび取材態勢を組み、三原さんも現地へ来てもらうことになった。

タッコンでの戦闘

三原さんの父・豊さんは四九師団「狼」部隊の歩兵一六八連隊に所属し、終戦間際の一九四五年四月二十五日、タッコンで戦死した。

この頃の日本軍の戦いは惨憺たるものだった。一九四五年二月から三月にかけて、四九師団と一八師団「菊」部隊はミャンマー中部のメイクテーラを奪還すべく、連合軍との最後の決戦に挑むも惨敗。**五千人もの日本兵が戦死**した。その後両師団とも南へと転進し、途中のタッコンで豊さんは命を落としている。

タッコンの戦闘とは、どのようなものだったのか。戦史叢書「シッタン・明号作戦」によると、四月十三日、四九師団は軍より「タッコンに急進、同地を確保して敵機甲部隊の南下を阻止し、軍主力の転進を掩護」するよう命令された。敵を避けつつ南進を続け、十六日にタッコン北東に進出するも、付近には既に有力な敵機甲部隊が進入していて近寄ることができず、西方に突破した師団は二十二日、ピンマナ北西側に進出とある。また、私たちが現地で取材した元ゲリラ兵の古老が証言したように、確かにこのタッコン近辺を三つの師団が通過していて、四九、十八師団以外に五一師団も含まれていることがわかった。だが、「**このころにおける各師団の実態を細部にわたって把握するのは困難である**」とさじを投げている。

【参考文献】
防衛庁防衛研修所戦史室「戦史叢書　シッタン・明号作戦－ビルマ戦線の崩壊と泰・佛印の防衛－」昭和 44 年

私は四九師団、あわよくば一六八連隊に所属した元日本兵がいないか探すことにした。二〇一五年、神戸新聞に連載されていた記事を見つけた。一六八連隊に所属した兵庫県宝塚市の今里淑郎さん（94）の壮絶な戦中戦後の記録だった。私は記事に掲載されていた寺に連絡を取って事情を説明し、今里さんを紹介してもらった。

今里さんと電話で話をした。穏やかな語り口で、それでいて**高齢とは思えないほど会話のレスポンスが速い**というのが第一印象だった。私は今里さんに「同じ一六八連隊に所属していた三原豊さんの息子さんが遺骨を探している。もしよければ当時の話を聞かせてもらえないか」と頼んだ。「私は連隊の通信隊に所属していて、三原豊さんという人に覚えはないが、それでもよければ」と快諾してくださった。

元日本兵　今里淑郎さん

十月、三原さんと共に宝塚の今里さんを訪ねた。三原さんは博多のお土産に明太子と、そしてお父さんの遺影を携えていた。今里さんは顔のつやが良く、電話口でもそうだったように穏やかな紳士だった。今里さんは復員後、医療機器の会社を一代で立ち上げ成功しただけでなく、高野山で修行をし、さらにはミャンマーでも修行をして僧侶となり、戦友たちを供養した。埼玉の今泉さんもそうだったが、**無事に復員した方々は、日々それぞれに使命を感じて戦後を生きて**こられたのではないかと思う。

二人は挨拶を交わし対座した。今里さんは、早速ある冊子を広げて三原さんへ見せた。今里さんが復員後に、同部隊の戦友三人と手分けして作成した、一六八連隊の戦没者名簿だった。

「**十年かかって、これを作ったん**です。戦死者名簿を全部見ていたら、三原豊さんが第一大隊に載っているんです。第一大隊の**…**昭和二十年四月十五日、タッコンで亡くなられたと。ただ、もうちょっと早かったらね。六年七年早かったら、三原豊さんを知ってる者がおったんですわ」

今里さんは三原さんの来訪を機に調べてくれていた。三原さんは父が第一大隊に所属していたことを初めて知った。

「三原さんというのは三十歳を越えてこられて、一大隊のトップなんですわ。これに入ってるということは、よっぽど優秀な、どこか良いとこがあった。初め集められた時、いの一番に一大隊を取るんですわ。ええのから取っていく」

「うちのおやじはアルコールはだめやったらしいんですよ。ただし、聞いたんですけど、宴会があると燗瓶にお湯を入れて持って行きよったらしい。『俺の酒は特別や』と、それを飲んで騒ぎよったらしいですたい。息子もちっとは見習わんといかんですね」

二人は笑い合った。名簿を見ると、豊さんと同じくタッコンで同日亡くなった戦友が、第一大隊に少なくとも十人いた。一人で亡くなったのではなかったことも初めてわかった。三原さんは安堵した。

「十人で一緒に亡くなっとるというのは、そう言っちゃいけませんけど、逆によかったな。**戦死したのはもちろん嫌ですけど、仲間と一緒に戦死したのは、よかったな**と思うんです」

ただ、一つ気になることがあった。命日が四月十五日とある。三原さんの受け取った公報には四月二十五日と記されてあった。戦史叢書によると、四九師団は四月十二日から二十二日にかけてタッコン周辺にいたことがわかっているので、十五日のほうが正しいのだろうか。日本は敗戦したこともあって、戦死した場所や日付が正確に記録できず、遺族に伝えられる公報が曖昧なことも多いというが、今となっては真偽はわからない。

三原さんは鞄から父の遺影を取り出して、今里さんに手渡した。

「今里さんがこの顔に見覚えがあったらなぁと思いましてね」

今里さんは通信隊に所属していたため、豊さんの遺影に覚えはなかった。今里さんは静かに手を合わせると、タッコンに敗退する直前のメイクテーラでの戦闘から詳細に話し始めた。

「メイクテーラがやられまんのや。**一六八連隊は連隊長以下四百名全部入りましたが、三百五十名、ほとんど死にました。連隊長から副官から全部死んだんです。**そこで一六八連隊の機能がなくなってもうた。それから一大隊の隊長が指示して下がったわけですわ。苦労して三々五々逃げなあかん。そりゃ私も経験しましたけど、向こうは戦車が来まんねん。今まではね、山の中（ミャンマー北部）で戦闘してましたから、中国の兵隊、これはええ勝負で勝ってました。ところが**平地へ降りてきたら、今まで見たことない大きな戦車がドーっってきて、バッバーと撃ちよる**がな。向こうは五発撃ったら二発しか当たりまへんのや。ところが**一発当たったら、こちらは吹っ飛んでしまう**ねん。弾の大きさが違うから。装甲車の厚みが違いますやろ。日本の戦車が撃ってもポンと跳ね返ってまうんや。そういう…その差が随分ありましたから、そりゃもう本当に負け戦」

今里さんは七十一年前の戦場の記憶をありありと語った。タッコンについて覚えていることはないか、私は聞いた。

「タッコンの場合だけ、わかりまへん。副官が今もおってくれたらわかったんですけどね。どこでどういうふうに戦いでやられたかというのは、メイクテーラを離れたら三々五々やね。四月の十五日までタッコン辺りで生きとられるというのは、どちらかいうたら戦闘司令部の組織から離れてるかもわからんね。**戦闘するだけの組織を潰されとる**わけやから。敵の戦車は砲が大きいんですわ。一発バーッと撃ったらやられますからね。こっちは**それに立ち向かうだけの武器がなかった**んですわ。小銃と戦車でしょ、ケンカになりまへんのや。メイクテーラで山砲とか野砲とか全部やられてしもたから」

今里さんも散り散りで敗退したため、タッコンを通過した記憶はそれ以上なかった。三原さんは今里さんの顔を見て、一つ一つ頷きながら話を聞いていた。

「僕は親父の顔も知らないんです。今里さんに会って**親父に会ってるような気がする**んよ。今里さんは迷惑かもしれませんけど、僕は親父に会うたなって。同じ戦地に、親父と同じ所に行かれて、同じ苦労をされてきとる。今里さんから生の声を聞けて本当に嬉しゅうございました。ありがとうございます。今里さんが言われるように、十人くらい亡くなったと。うちの親父は、戦死、弾が当たって死んだのか、そこはわからんと思いますけど、本当にタッコンで死んだんだなということがわかりましたからね」

今里さんのおかげで当時の様子を熱をもって知ることができたし、よくぞ生きて帰って来られたと思った。何の抵抗もできないまま命を落としたうえ、七十年以上野ざらしにされてきた日本人を思いながら博多へ戻った。

三度目のミャンマーへ

十一月二日から九日の一週間、三原さんと私たちはミャンマー・タッコンの取材へ向かった。ミャンマーでの国の民間委託事業「海外未送還遺骨情報収集事業」の一回目がタッコンで行われる。現地調査・発掘にあたるのはＪＹＭＡや全国ソロモン会で、井本さんはスケジュールの後半から合流することになった。また、初回ということで、厚労省職員二人も同行することになった。

三原さんは七十七歳、本当にお元気だと思う。海外の、しかも暑くて辺鄙で、食事や水に気を使う場所。現地での移動も何かときつい。**体力がかなり必要だが、少しも厭わない**ようだ。三原さんよりいくつか年下の私の父がミャンマーに行く姿などは、ちょっと想像できない。

大きなリュックを背負って福岡空港にやってきた三原さんは、いつにも増して元気な様子で成田行きの飛行機に乗り込み、私たちへ他愛ない話をした。到着が楽しみで待ちきれないようだった。三原さんにとってミャンマー訪問は三度目、ようやくお父さんを拾い上げることができるかもしれないのだ。

「今回は確かにタッコンで亡くなっとるやろうという目標を立ててもらっているので、なお感動するやろうなと。**親父、会いに来たぞ**と」「(お父さんを思う気持ちは七十一年変わりませんか?)変わらないというか、変わりようがないやろうと思う」

ヤンゴン空港でいつものようにコーディネーターのアウンさんに出迎えられ、いつもの日系ホテルへ。翌日早朝にはネピドーへ飛んだ。

激戦地メイクテーラ

「海外未送還」事業のスケジュールは、現地当局へ挨拶や許可などをもらった後、実質的な現地調査・発掘活動を十一月四日から八日の五日間行うことになっていた。私たちもそこに合流するつもりで、三日は単独取材をした。

向かった先は、**ネピドーから北へ車で二時間ほどのところにあるメイクテーラ**。ミャンマー中央部に位置するため物流の拠点となっている、人口六十四万人の街だ。この街で豊さんが所属した四九師団は、英軍と最後の決戦を挑み、五千人もの日本兵が戦死した。中心部に大きな湖がある静かな街だった。

天気は快晴、シャツ一枚で過ごせる心地良さだった。日本から持ってきた戦史資料を片手に戦地を歩いた。今里さんがメイクテーラの寺内に私費で建立した、一六八連隊通信隊の慰霊碑も参拝した。最も印象的だったのは、メイクテーラ在住のアウンさんの友達に連れて行ってもらった、日本軍ゆかりの場所だった。

街中からレインドーという村に入っていくと、広い草原の中にぽつんと小さな仏塔(パゴダ)がある。近づいてみると**菊の大きな紋章**が掲げてあった。久留米の十八師団「菊」部隊五六連隊の慰霊碑だった。三原さんも私も思いがけず、感嘆の声を上げた。菊部隊はミャンマー北部・カチン州で壮絶な「フーコン作戦」を繰り広げた後に南へ退却。四九師団と共にメイクテーラで戦っていた。

突然の日本人の訪問に、集落の人たちが集まってきた。**この慰霊碑は、戦後ここを訪ねた元菊部隊の手で建立され、その後は集落で守っている**という。当時を知る古老、ラーチョさん(85)が教えてくれた。

「墓を作りたいという日本人から頼まれました。パゴダの近くに土地があるので、政府に申請して買いましょうかと提案したんです」

その後はずっとラーチョさんが守っているという。三原さんは思わずラーチョさんの手を両手で握り、涙ながらに言った。

「本当にありがとうね。ありがとうございます。親父も喜んどると思うよ。立派なものを造ってもろうてね。**…そこに親父が立っております。ありがとうございます。私は息子なんです**」

ラー・チョさん（右）と三原さん

ラーチョさんは、三原さんが涙を流して感謝している理由をすぐに察した。

「**ムスコ。わかるよ息子。私たちが守っていますよ。ワタクシ、シゴト、ゼンブ**」

日本語を交えて三原さんを慰める。菊部隊と交流を持ったラーチョさんは、今も日本語を覚えていた。

「連合軍は向こうから大砲で攻撃し、ヤシの木がなぎ倒されました。一日中攻撃するので、日本兵は食事など取れません。**私たちは日本兵のために水や色々な物を運びました。世話をするうちに情が湧き、**

かわいがりました」

ラーチョさんはそう話して、涙ぐんだ。

「日本兵は地元の人と綿密な関係にあったんやね。かわいがってもろうとるんよね。親父もかわいがられたかな。うちの親父は三十四歳で亡くなっとる。**一番バリバリたいね、日本兵は若さバリバリで来た。帰りはズタズタでほとんどの人はお母さん万歳で死んだろう**と思うよ。天皇陛下万歳というけど、ま、わからんけどね。よかった」

三原さんは、どこか満たされたような表情で村を後にした。

街の中心部へ戻るとメイクテーラ湖が夕焼けに染まっていた。湖畔では子どもから大人まで、男性たちが喧嘩凧に興じていた。長崎にも「ハタ」と呼ばれる伝統の喧嘩凧があるが、ミャンマーのほうがよりカジュアルで、六、七歳位の小さな兄弟も巧みに凧糸を操り、真剣勝負を仕掛けていた。糸にはガラス粉が塗り付けてあって、敵の凧を絡め切る。風に乗る凧の赤や黄色が薄紫色の空に映え、いつまでも眺めていたかった。傍では若い父親が小さな娘を抱いて湖面に映る夕日を見ていた。女の子たちの笑い声が聞こえてきた。緑色の制服スカートをはいた姉妹が近くの小学校からおしゃべりをしながら家路に着いている。その様子を三原さんは穏やかな表情で見つめていた。**かつてここが激戦地だったとは微塵も感じさせない美しい風景**だった。豊さんも目にしただろうか。

タッコン

夜、私たちはネピドーに戻り、宿で派遣団と合流した。**発掘実施の調整がミャンマー当局側とまだできていない**という。少し不安だったが、翌日も派遣団とは別行動で取材を行うことにした。

翌四日も快晴だった。三原さんを連れてタッコンへ向かい、戦地を歩くことにした。

戦史にある進撃図を片手に、四九師団が渡ったというシンテ河の河畔に着いた。ここは丘や木もなく、見渡す限り一面に平原が広がっている。若者たちが川釣りを楽しんでいて、三原さんは「何が釣れましたか」と気軽に声をかけていた。青空と南国のモクモクとした白い雲、緑のコントラストが美しい。今里さんの話を思い出した。**こんなにものどかで平和な場所で、ほとんど丸腰状態の日本兵は敵の戦車に容赦なく狙われた**のだろうか。

「これだけの草原やから、まともに撃たれとるよね。機銃掃射で飛行機から人の動きが目に見えて、隠れる場所がないよね。そこでダダダと撃たれたら、もうどうしようもない。防空壕を掘りよったけど、間に合わなくてそのまま亡くなったんじゃないかと思う。親父たちも一生懸命逃げたと思う。**我が故郷に子どもを置いて、子どもの顔を見たいというのが精一杯やったろう**と思う。ところが力尽きて。ここじゃどうしようもないもんね」

三原さんは涙を浮かべ、顔もわからぬ父の最期を思った。

井本さんが合流

五日。発掘の調整はまだつかない。現地の古老を取材して回った。

その日の夜、井本さんが合流した。ホテルのロビーで三原さんと対面し、固く握手した。

「よかったです。着々ですね。**後退はしませんから。**この国はいろいろ難しいところがありますからね。しかしもう、日本政府も来ていますから、このまま徹底して。ひとつよろしくお願いします」

お土産の日本酒を渡して感謝を伝える三原さんに、井本さんは言った。

「**見つけましょう。お父さん見つけましょう。絶対見つけましょう**」

六日午前中、派遣団の会議に参加することができ、現況を聞いた。現地入りしてからパオ族調査隊、ワ族調査隊が発見した五ヶ所の埋葬地を調査した結果、少なくとも二十五人が埋められているというミャウメイ村が最も蓋然性が高いとして発掘を行うことにした。この村は、三月の取材で元ゲリラ兵が私たちへ証言したダム付近だった。だが、調査団に発掘の許可は降りなかった。厚労省はミャンマー文化省に対し、事前に調査の許可はとっていた。ところが、タッコンは首都のある特別行政区にあるため、**土地を発掘するには国境省へ別途申請が必要ということがわかり、現地に入って急ぎ申請を行った**という。**私は愕然とした。厚労省は、なぜ事前に抜かりな**

く手続きができなかったのだろう。

七日、残された滞在時間は、あと一日。結局ミャンマー当局から返事は来なかった。派遣団は発掘を次回に持ち越すことに決め、最終日の八日、ミャウメイ村を再訪。ミャンマー政府に改めて発掘申請をするため、発掘箇所の計測を行うことにした。国の税金を使って派遣団が派遣され、多忙の合間を縫って井本さんも現地へ来た。何より発掘を心待ちにしていた三原さんを思うと、こんな結末に呆然とした。

三原さんは肩を落として「そうですか」とだけ言った。

井本さんに所感を聞いた。

「**簡単に言えば、厚労省の準備不足です。**私は三月に、ちょうど法案が通った頃に帰国していますが、その時も厚労省に赴きまして、**土地を掘削して骨を探す許可を、日本とミャンマーの政府間できちんと取っておいてください**、とお願いしました。今回は、法律成立後、派遣団が初めて来たわけですけど、派遣が決定する頃から我々現場側からは、**くれぐれも発掘の調整だけはお願いしますよと言ってきたん**ですね。**それなのに、やってなかった。**私自身は、批判すべきは批判すべきですけど、けんかをするわけではない。同じ日本人として協力して、力を合わせてやっていく事業と思いますので。ただ、国と民間との間も、互いに文句が言い合えるくらいの風通しの良さを作っていきたいと思います」

「(今春には新法が施行され、ミャンマーは今年から海外未送還事業にも加えられました。国が動き出した感触はありますか?)**はっきり言いますと、それほど感じないん**ですね。動いているのは動いていると思うんですけど、法律成立後、国の派遣団がミャンマーに来たのは今回が初めてで、十一月ですよね。それだけの期間が空いています。一番つらいのは、うちは十チームの少数民族の調査隊を持っているんです。**今まで八ヵ月間、国からの調査費が下りてこないから、『申し訳ないが、調査の仕事を休んでくれ』とお願いしています。彼らも生活がかかっています。**それでも、何とかここまでは頑張ってくれたんですが、これから先、彼らに仕事を回すような費用が現場で作れるか、落ちてくるかというと、まだ見えない状態。**むしろ不安のほうが多い**ですね」

厚労省は二〇一六年度、ミャンマー調査予算として一千万円を計上したが、それが現場にはまだ落ちていなかった。

「今の段階では来ていません。今回の調査費の一部を回してもらいたい、とお願いして五十万円は事務所には届いています。しかし、**五十万円じゃどうしようもない。**しかも回しても一回の調査でなくなってしまいます。十チームあるなかで、私がどこを選ぶか。選び方によってはえこひいきと取られるかもしれないですから非常に苦しいです。気持ちは」

「(なぜ実動部隊にお金がいかないのですか?)**それは私も主張しているところで、私の疑問でもあります。**私は常々、日本兵の遺骨の情報は現地の調査隊を使わないと上がってこないよと。

日本人がポンと行ってポンと聞いてわかるような話ではありませんよと、重々言ってきているんですね。なんで早く動かないのかなと思いますね。この事業の目的は、一柱でも多くの日本兵のご遺骨を帰還させるということですから、**最初の段階の現地調査に集中的に資金が投入されてしかるべき**です。よく仲間に言うんです。**ビルマ戦線の日本軍は補給を断たれて壊滅し、敗走するんです。それと同じだ**って言っているんです。せっかくここまで、推定数だけでも三千柱を越えるくらい見つけ出してきたんです。これからも続ければ、もっと見つかるんです。しかしもう、言うなれば**打つ弾がない**（＝資金がない）**状態で、早くそのことに国は気づいて欲しい**と思います」

十の現地調査隊は今、バイクを持っている人は**バイクタクシーをしたりして日銭を稼ぎながら、遺骨調査の仕事が来るのを待っている**という。井本さんとの信頼関係がなければできないことだ。しかし、そうは言っても彼らも生活がかかっている。井本さんは、**調査隊が別の仕事に就いてしまったら、再度呼び戻すのは至難の業だ**と懸念している。調査隊が非常に優秀であることは私もここに書き連ねてきた。経験を積み、成果を出している彼らをみすみす手放し、国からの資金が入った際に新たな人たちに調査をお願いするというのは非効率極まりない。せっかく**二〇一六年度から国の事業になったというのに、むしろ井本さんは動きづらくなっている**ような気がしてならなかった。

ミャウメイ村へ

最終日の八日。井本さん、三原さんと厚労省と民間から成る派遣団五人はミャウメイ村へ向かった。車中で三原さんに心境を聞いた。

「埋葬地に行くのは楽しみで、親父に会えるという感じですけど、骨を掘らせてもらいたかった。それができないということで、国と国がやるべきであって日本国内のようにいかないというのは仕方ないですね。**父の骨じゃなくてもいいけど、隣の人の骨かもしれんけど持って帰りたい。**持って帰っちゃいけんけど持って帰りたい。小さい、小指の先の骨でいいから、誰かわからんでもいいから、こっそりポケットに入れて持って帰りたい。そんな気持ちなんですよ。前、親父の遺骨の代わりに石を持って帰ってきとるから、もう一回石を持って帰ろうという気はないです。**今度持って帰りたいのは遺骨です**」

ミャウメイ村に着いた。日本軍とビルマのゲリラ兵が戦ったとされ、少なくとも二十五人の日本兵が埋められているという。集落があり、農道では牛が行きかっていた。当時を知る古老、ウー・マウンコーさんが、埋められているという農道に案内してくれた。

「二十五〜三十人くらいがこのあたりにいて、四人くらいが向こうへ逃げました。この村の人たちが亡くなった日本兵を埋めました。並べて。（軍服を着たまま寝せた？）そのままです」

三原さんは思わず叫んだ。「**親父来たぞー！**」

ウー・マウンコーさんの証言を元に、民間の派遣団員が埋葬地とみられる農道と竹やぶの二ヶ所を計測した。井本さんと三原さんはその様子を見守っていた。

計測が終わると、民間の派遣団員は三原さんのために、大きな木の根元に小さな祭壇を作り始めた。各地で遺骨収集の経験を積んだ彼らは、普段から埋葬地にこのような祭壇を作って慰霊しているという。日本から持ってきた酒と水、火をつけたタバコ、お菓子も羊羹に煎餅、甘辛両方が供えられた。

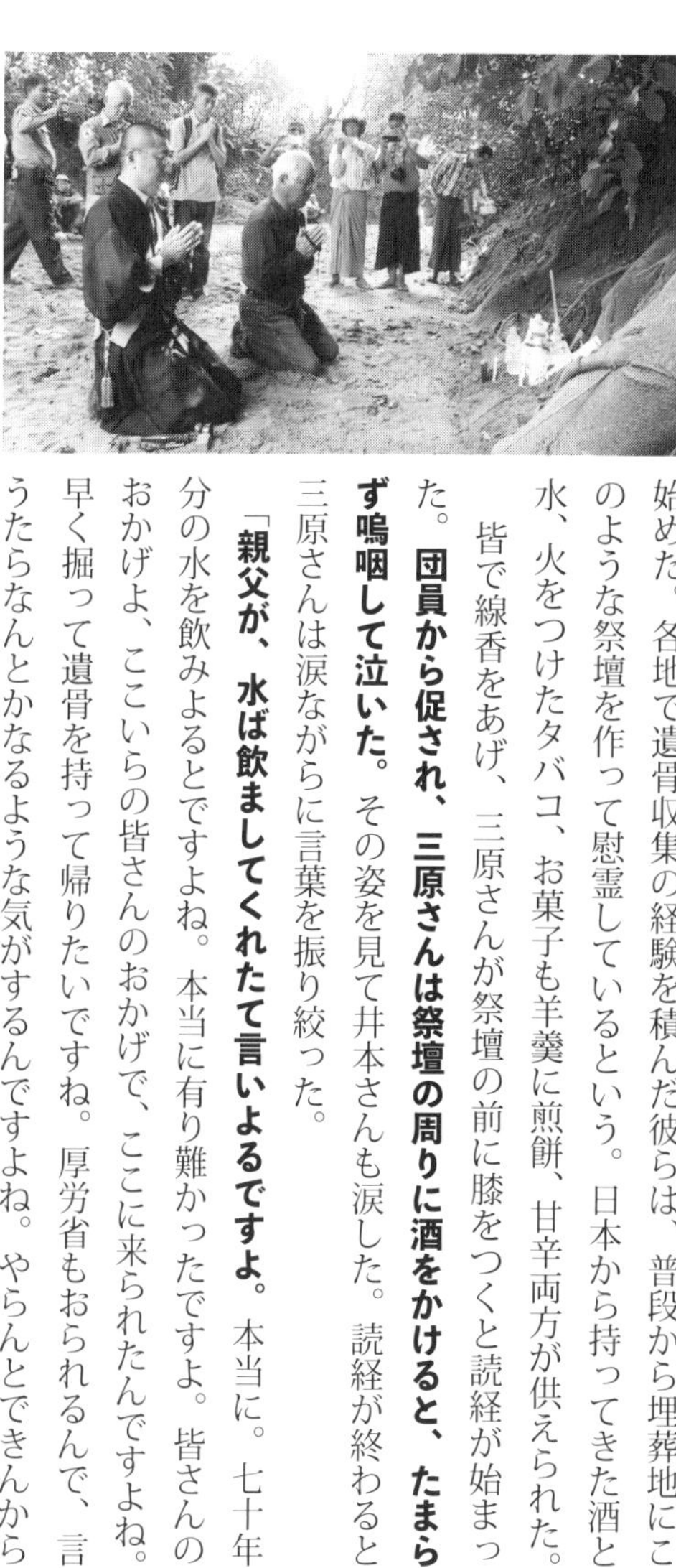

皆で線香をあげ、三原さんが祭壇の前に膝をつくと読経が始まった。**団員から促され、三原さんは祭壇の周りに酒をかけると、たまらず嗚咽して泣いた。**その姿を見て井本さんも涙した。読経が終わると三原さんは涙ながらに言葉を振り絞った。

「**親父が、水ば飲ましてくれたて言いよるですよ。**本当に。七十年分の水を飲みよるとですよね。本当に有り難かったですよ。皆さんのおかげよ、ここいらの皆さんのおかげで、ここに来られたんですよね。早く掘って遺骨を持って帰りたいですね。厚労省もおられるんで、言うたらなんとかなるような気がするんですよね。やらんとできんからですね」

その様子を端から見ていた、派遣団長の厚労省・手塚直樹事業専門官に聞いた。

「(なぜ発掘できなかったんですか?) **今回は調査なので、発掘についてはネピドーで別の行政手続きが必要だと伺っておりますので、そういった手続きを経て、今後実施してまいりたい**と思っております」

「(厚労省で事前に詰めておくことはできなかったのですか?) 今回JYMAさんより、こちらに埋葬されているという情報を頂いております。それを受けまして、ミャンマー政府に対して調査を実施したいと、遺骨の情報収集調査ということで申し出をさせていただいております。今回その**調査について許可をいただきましたが、発掘については別の行政手続きが必要**ということでございますので、それについて整理をして、引き続き実施してまいりたいと思っています」

「(別の行政手続きが必要であることは、事前にわかることではないのですか?) **こちらに来て、行政府から手続きが必要になると伺って**おります」

「(次は?) ミャンマー行政府に報告をさせてもらい、情報確認して実施していくということになります。ご遺骨の収容につきましては、少しでも早く日本に帰還させたいと思っておりますので、しっかりやらせていただきたいと思っております」

父を連れて帰りたいという三原さんの願いは、国の失策のためにあっけなく潰えた。 だが、井本さんの一言に救われた。

「とにかく諦めないこと。成功する秘訣は、**成功するまでやめないこと。**絶対成功しますから」

発掘へ

帰国後、私は日々の業務の傍ら、発掘の許可が下りたか厚労省に何度も尋ねた。もう少しで下りそう、下りたら即現地入りして発掘、というやきもきする状況が続いた。行ける確証もない中で航空券を手配し、ビザを取得した。

十二月九日、ようやく発掘許可がおりた。四日後の十三日から派遣団が現地での活動を開始することになった。私たちは十二日、四度目のミャンマー取材へ向かった。

発掘活動は民間団体より三人の調査団員が四日間（準備一日、発掘三日）あたることになった。厚労省職員は来ない。井本さんは農学校の卒業生の就職斡旋などで多忙を極めていたが、私のわがままを叶えるために、最終日のみ来てもらえることになった。

十三日、準備のために、調査団と共にタッコンへ向かった。役場でタッコン区長らと打ち合わせをし、一ヵ月ぶりとなるミャウメイ村の現場へ。少なくとも二十五人が埋葬された農道と、一人が埋葬された竹やぶの二ケ所を発掘する。

タッコン行政区は発掘作業のために、大型のショベルカーを用意してくれた。**まるで戦車の**

ように大きい黄色の車体が、のっしのっしと土音を軋ませながら近づいて来た。福山カメラマンはその様子を撮りながら「**ヒュンダイ一号**」と名づけた。子どもから老人まで、村じゅうの人々が何事かと集まり一号を取り囲むと、若いミャンマー人ドライバーはクレーンのアームをぐわぁあああんと振り上げ、ドヤ顔で停車させた。**ひと掻きで、この小さな村を破壊しそう**な迫力だった。

ところが、埋葬地の入口でスタンバイしたところで、ある事実が判明した。その先の道幅は二メートル二十センチ。**幅三メートルもある一号は入らない**のだ。調査団の通訳、タン・ゾーさんは「タッコン区は日本政府のために、大型の良いやつを貸してくれたんですよ」と推察した。調査団は迂回路がないかと周辺を探し回る。一方、タッコン側の現場責任者である副区長は、「道を遮るものは木しかないのだから、とりあえず重機を入れるところまで入れて、邪魔になる木を伐採して、進入させよう」と言う。「**ミャンマーってこんな感じかぁ…**」。失礼ながら私は少し面白かった。

大型重機と普段会う機会もない日本人の右往左往する様子に、**いったいこれから何が始まるのか**と村じゅうの人々の興味・関心・興奮は最高潮に達した。小さな子どもたちも「あれ何？」「わかんない」「何するの？」と目を丸くしている。

調査団長のＪＹＭＡ赤木衛さんは村人を集めて説明した。「大変お騒がせして申し訳ありませんが、**遠い七十年前、この地でたくさんの日本人が死にました。私たちはその遺骨を確認しにき**

ております。大きな機械を入れたりして皆さんの生活にご迷惑をかけますが、できるだけご迷惑にならないように仕事をしたいと思っています。ミャウメイの皆さんが協力してくださることに非常に感謝しています。ありがとうございます（チェーズーティンバーデー）」

住民から万雷の拍手が起こった。住民の側からすると、日常生活に必要な道に大きな重機を入れて掘り返し、不浄とされる遺骨を探そうとしているのだ。それなのに、何の反発もなく笑顔で迎えてくれる。心広きミャウメイ村の住民たちに感謝した。

大胆かつ繊細な作業

十四日朝、タッコン行政区の立会いのもと作業が始まった。既に村じゅうに広まった日本兵の遺骨発掘を見物しようと、赤ちゃんを抱えたお母さんから老人まで次々に集まってきた。ヒュンダイ一号を農道に入れるため、周りの立派な大木をクレーンでバッサバッサと伐採した。ものすごく心が痛んだが、村長も住民たちも「**またすぐに生えてくるから大丈夫です**。何の問題もありません」と笑顔で口を揃える。伐採は最小限に抑え、一号は所定の位置についた。

埋葬地に最初のバケットが入った。土の内部が露出した。すくった土は道脇に積み上げられる。発掘を許可されているのは、幅二メートル、長さ三十メートル、深さ五メートルの範囲。一号はそのパワーを遺憾なく発揮し、あっという間に三メートル、四メートル、五メートルと掘り下げ

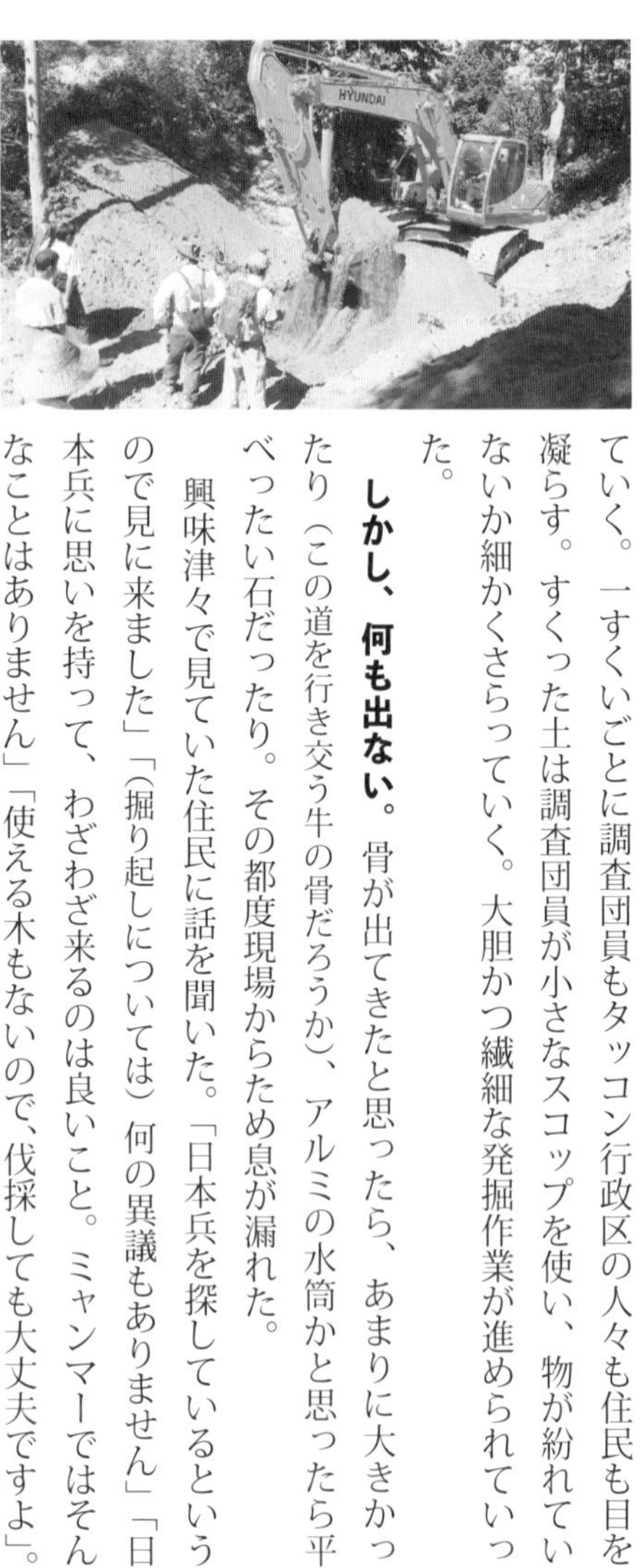

ていく。一すくいごとに調査団員もタッコン行政区の人々も住民も目を凝らす。すくった土は調査団員が小さなスコップを使い、物が紛れていないか細かくさらっていく。大胆かつ繊細な発掘作業が進められていった。

しかし、何も出ない。骨が出てきたと思ったら、あまりに大きかったり（この道を行き交う牛の骨だろうか）、アルミの水筒かと思ったら平べったい石だったり。その都度現場からため息が漏れた。

興味津々で見ていた住民に話を聞いた。「日本兵を探しているというので見に来ました」「（掘り起しについては）何の異議もありません」「日本兵に思いを持って、わざわざ来るのは良いこと。ミャンマーではそんなことはありません」「使える木もないので、伐採しても大丈夫ですよ」。和やかな雰囲気の住民たちに、調査団員の﨑津寛光さんは飴やチョコレートを配って回り、交流を図った。

発掘許可を得た範囲を全て掘り起こしたが、遺骨はおろか遺留品も出てこなかった。掘った土を元に埋め戻して初日の作業を終えた。

七十年の壁

翌十五日、作業前にタッコン区役所へ。派遣団が発掘範囲を少し延伸できないか依頼したところ、**六メートルの延伸が許可**された。良かった！遺骨が見つかる可能性はまだある。

その六メートルを無駄にしないよう、当時の埋葬状況について証言した古老、ウー・マウンコーさんに再度場所を確認した上で発掘した。しかし、何も出てこない。

職人・反町佳生さん

三人の調査団の一人、長年サイパンをはじめ、各戦地で遺骨収集にボランティアで携わってきた反町佳生さんに聞いた。

「難しいですよ。掘れば出るってものじゃないんで。**百本掘って一本当たる**とか、そんなようなこともありますからね。だからすぐに出るとは思っていません。我々だって、例えば一年前に、こういう山の中のどこかに物を埋めて、そこを翌年正確にここだと絶対言えないと思うんですよね。やはり**七十年も経っているんで、この川岸にあることは確かなんでしょうけど、前後の位置は多分ずれる**と思うんですよ。ただ、地元の方が嘘をついているとは思えませんし、間違いなくここに埋めたというおじいさんの記憶は正しいと思いますので、それを信じてやるしかない」

元々この農道は乾季になると水なし川になり、亡くなった日本兵は土手に並べて埋葬されたとウー・マウンコーさんは言う。**七十年の歳月の中で雨季の際に流されたり、地形が変わったりしたのだろうか。**それとも、記憶がずれているのか。

発掘に残された日は、あと一日。調査団員三人の苦悩は色濃くなっていった。延伸した六メートルからも何も出ず、元通りに埋め戻した。

ここで住民から調査団へリクエストがあった。**樹木をもっと伐採し農道を拡張して欲しい**と言う。調査団はお安い御用とばかりにヒュンダイ一号で樹木を次々に伐採して土をならし、あっという間に拡張工事は終了した。これで農産物を載せた牛車が行き交いやすくなった。「**助かります**」。**住民からは拍手が起こった。**

夜、ネピドー空港。井本さんがいつものようにTシャツにリュック、草履姿の軽装で到着した。

「見つかってないんでしょ？難しいですね」。私たちは最終日に願いをかけた。

地元民の理解と協力

十六日。井本さんは軽トラックの荷台に乗り込み、調査団とともにミャウメイ村へ向かった。

「あーあ、って感じですね。以前の風景と全く変わっちゃいましたね」

開発工事の現場のようにさら地になった埋葬地に入って井本さんは言った。最終日は一人が埋葬されているという竹やぶの下を掘り起こす。調査団は、ウー・マウンコーさんに色んな角度から質問をして記憶を精一杯手繰り寄せ、発掘する場所を定めた。エンジンがかかり一号は掘り起こし始めた。

「豪快ですね。でも、**人が埋めたんですから、そんなに深く掘るはずない**もんね」

井本さんは作業を見つめながらつぶやいた。

二メートルちょっと掘ると、土の層に白いものを発見した。三人の調査団は急いで穴へ駆け下りる。立会いで来ていたマンダレー大学の遺骨鑑定人も穴に入った。反町さんが小さなスコップで注意深く掘るが、結局土の一種だとされた。「難しいですね」。ため息交じりに井本さんは言った。**許可された部分は掘り終えた。**

調査団は諦めなかった。赤木団長はウー・マウンコーさんに再度どこを掘るのが良いか聞き込み、﨑津さんはタッコン区長とミャウメイ村長に発掘の追加交渉を行った。少し拡張して掘ることが許可され、見つからなければこれで終了することになった。井本さんはウー・マウンコーさんにタバコを差し出し、火をつけた。「あるといいよね」。井本さんが声をかけると、ウーさんは苦笑いを浮かべた。

この三日間、私は初めて本格的な遺骨発掘を間近で見て、調査団の執念ともいえる活動に心から感動した。**ただ掘るだけではない。行政区に対して丁寧に交渉を進めた。**土地を自由に発掘できないため、追加交渉は相手の出方を見て切り出したりもした。重機の発掘は豪快だが、闇雲に掘ってはいない。これまでの経験と当地の状況を読みながら、明確な意図のもとにミャンマー人ドライバーをコントロールした。そして、大きく掘って細かく探す。**どんな小さな物も見逃さない。五センチほどの布団針のような鳥の骨を、反町さんが拾い上げた時には脱帽した。**この方たちなら遺骨も遺品も見逃すことはないと確信した。さらに住民への配慮。丁寧に説明をし、挨拶や会話を親しく交わした。住民からは笑い声が絶えなかったし、苦情が出ることも一切なかった。調査団は、こうして長年にわたり、アジア太平洋の国と地域で日本兵を拾い上げてきたのだろう。生活の場である土地を掘り起こして遺骨を探すのだから、相手国の理解と協力が不可欠だと痛感した。

しかし、彼らをしても遺骨は出てこなかった。

「全部を掘り返すってわけにはいかないので、ここらへんでジャッジしないと…」

赤木団長が苦々しく言った。井本さんは険しい表情で発掘現場を見つめた。発掘はここで終了となり、土を埋め戻した。

その作業を見ながら赤木さんは井本さんに言った。

「証言を聞いたところによると、**略奪もしないで服を着たまま、装備を持ったまま埋めたっ**て言うんで、例えば遺骨が土に酸化して溶けちゃったとしても、鉄やアルミの水筒だとか、何か出るんですけど、そういう気配が全くないんで、**恐らく場所がずれているん**だと思います。古老以外の蓋然性の高い情報がないと、ここでもう一度発掘というのは難しいですね」。井本さんは厳しい表情で、話の一つ一つに頷いた。

職人・反町さんは先を見据えた。

「こういうものなんですよ。記憶も修正されていく。どこでもこんな感じです。見つからず残念ですが、**今の日本の平和は、こういうアジア太平洋地域で亡くなられた皆さんがあってこそ**と私は思うので、いつか必ずお迎えに来たいです。もし自分がビルマで倒れてしまったとして、探しに来てくれたら嬉しいと思う。例え今回見つからなくても、次必ず来ますという気持ちで取り組んでいます」

「今回は非常に無念です」と言いながらも、最後まで子どもたちへチョコレートを配っていた崎津さんは、その真意をこう話した。

「遺骨収集というと**無言で掘るだけというイメージですが、実は住民との交流が大事**で、友好があってこそ理解があって、活動も継続できます。微々たる親善かもしれませんが、こういうことを積み上げてこそ、その後の遺骨情報の提供にも繋がると信じています。一人でも多く発見して日本にお連れしたい。それが次の平和に繋がれば、その方たちの死も無駄ではなかったと私は考えています」

井本さんは調査団へ「見事なお仕事ぶりに感服しました」と伝え、埋葬地を後にした。

万事休すと私は思った。しかし、井本さんは諦めてはいなかった。

「ちょっと出直します。うちの調査隊とも話し合って、村人を誰か使ってお金もかかりますけど、掘り続けてもらう方法はあります。（村人が掘るなら許可も必要ないですよね？）はい。手掘りであれば。人力で埋めたわけですよね。年数は経っていますけど、そんなに深いところにあるとは思えませんので。**諦めるにはあまりにも中途半端すぎますし、継続的に誰かに掘ってもらえば希望が持てる**じゃないですか。証言によると、装備も服も見につけたまま埋葬してるというんで、当たれば絶対に出てくるはずです。骨以外でも。そういった兆候が現れたら即動けるように、うちの調査隊とも連携して、**スタンバイ状態で引き上げたい**と思います」

井本さん、調査団、私たちは、ミャウメイ村の大勢の人たちに手を振って見送られながら引き上げた。

帰国後、三原さんを訪ねて報告した。

「僕としては、やっぱ親父は帰したいと。こっちの家に持って来たいというのが精一杯ばってんね。何年かかろうとも井本さんたちが諦めるまで、諦めんじゃろうと思うけど。僕も諦めたくない。そげん言いながら、**もう僕自身もだんだん年取ってきよる**なと。ただし僕の子ども、戦死した人の孫まで託すのはちょっと無理かな。孫にはあまりピンとこんような気がするんよね。それならもう、**私の時代でどげんかしとかないかん**」

いつも溌剌として大きな声で笑う三原さんから「年取ってきよる」と言われ、ドキッとした。繰り返し書いてきたが、遺族に残された時間はわずかなのだ。

沖縄戦の遺骨収集

一日も早く遺骨を家族の元へ帰すにはどうしたらいいのか。調べていくと『**沖縄**』にいきついた。

国の戦没者遺骨のDNA鑑定は二〇〇三年に開始された。ただ、収容されたすべての遺骨が対象となるわけではない。個体性があり、かつ歯のみが対象となり（二〇一七年四月以降は手脚の骨にも拡大）、国が委託した大学などの機関でDNA型の抽出を行う。

さらに、身元を特定するには高いハードルがある。歯から抽出された戦没者のDNAとその家族（実兄弟、実子など）のDNAを照合し、血縁関係にあるかどうかを判断するという方法だが、名前入りの遺留品も一緒に見つかるなど、**あらかじめ身元が推定できなければ、家族とのDNA鑑定を行わない**。究極の個人情報であるDNA型を国が大量に保有することに慎重にならなければならない、というのが国の姿勢である。

これまでに一二七万人の戦没者遺骨が収容されたが、DNA鑑定で家族の元へ帰ったのは千八十四人。そのうち、千七十六人がシベリア抑留の犠牲者で、戦闘地だった沖縄やアジア太平洋地域は十二人しかいない。シベリアの犠牲者は名簿を元に埋葬されていて、かつ気温が低いため、遺骨の保存状態が比較的良いことも結果に繋がっている。

以上の鑑定条件に当てはまらない遺骨はすべて『無縁』とされ、東京・千鳥ヶ淵や沖縄・糸満市の国立戦没者墓苑に納骨される。

井本さんが帰還させた、個体性があり歯があった二柱は、旭川医科大学でDNAの抽出作業が行われた。フォートホワイトで見つかった頭蓋骨の歯からはDNA型は出たものの、遺留品がなく身元が推定できないため、家族との照合は行われない。DNA型は身元が推定されるまで厚労省で保存される。ミンタ村の歯はDNA型が出なかった。南方は高温多湿であるため遺骨の状態が悪いといわれている。日本に帰ってこられただけでも良かったとしなければならないのかもしれない。だが、**家族の元へ帰すためのDNA鑑定にかけられるのが十柱中ゼロというのは、戦没者本人とその家族、そして尽力した井本さんと現地調査隊、帰国運動の方々を思うと、私は何ともやりきれない。**そもそも戦闘地において、一人分の遺骨と名前入りの遺留品が一緒に見つかるケースなんて稀なのではないか。

国は二〇一六年度、**沖縄で収容された戦没者遺骨を対象に試行的なDNA鑑定を始めた。**名前入りの遺留品は少ないため、部隊記録などを基に身元が推定できるかどうか鑑定を行うというものである。**この方法が上手くいけば、アジア太平洋地域にも適用する**方針という。
二〇一七年三月。私たちは沖縄で取材を始めた。沖縄戦遺骨収集ボランティア「ガマフヤー」の具志堅隆松さん（62）は、三十年以上遺骨収集に携わっている。具志堅さんに沖縄の遺骨収集について詳細に教えてもらった。これもまた国の現状に即さない調査方法と、山積みされた課題に愕然としたのだが、ここでは割愛する。結局、**試行的な鑑定で身元が判明した遺骨はゼロで、他地域への適用も見送られた。年老いて中々声を上げることのできない多くの遺族の代わりに、具志堅さんは鑑定方法の見直しを何度も国に訴えているが、小さな民間の声はほとんど届かない。**

具志堅隆松さん

国が何もやっていないというわけではない。間違いは許されないから、施策に慎重になるのもわかる。ただ、早くして欲しいという遺族の焦りに応じきれていないと私は感じている。

何のため、誰のための遺骨収集推進法なのだろう。

一方、**希望する遺族全てにDNA鑑定を行い、軍が主体となって遺骨収集と家族への返還を推進しているのがアメリカと韓国**だ。日本と何が違うのか、課題を探るため、アメリカの遺骨収集を統括するDPAA*のDNA鑑定部門、ドーバー空軍基地（デラウェア州）に

＊ DPAA: Defense POW(Prisoners Of War)/MIA(Missing In Action) Accounting Agency アメリカ国防総省の戦没者遺骨収集機関。戦地での遺骨調査、発掘、DNA鑑定を担う総合機関。

あるAFMES*という研究所を取材した。代表のティモシー・マックマン博士がインタビューに応じてくれた。

「アメリカは戦死した全ての兵士を国に帰し、家族が終止符を打てるよう、義務感を持って取り組んでいます。**DNA鑑定や複数混ざった遺骨において最も重要なことの一つは、家族の検体と照合すること**です。日本は家族の検体を集めておいて冷凍保存し、必要に応じてDNA鑑定をすればいいんです。高齢化した国では、検体を保存しておくと、後に様々な方法をとることができるでしょう」

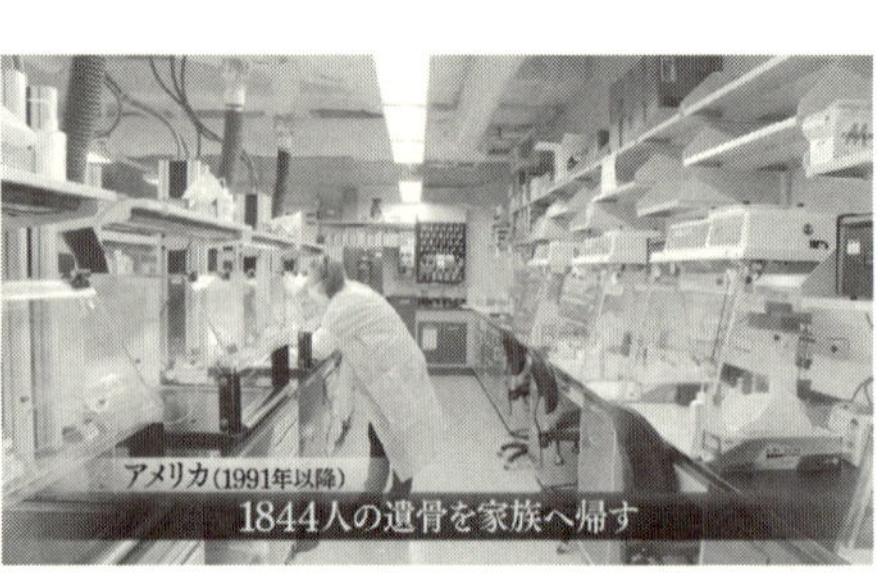

DNA鑑定を行うAFMES

専門家は

二〇一七年三月、遺骨収集推進法が成立して一年経ったが、**ミャンマーはおろか全体を通しても目に見えた成果というものはなかった。**二〇一七年の新年度に向けて推進されたことといえば、**歯のみとしていたDNA鑑定の対象が手脚の骨にも拡大された**こと、**沖縄の試行的鑑定が少し見直され、続行される**程度だった。国は二〇二四年度までと期限を設けている。

中々進まない国の遺骨収集を、私たちはどう捉えたらよいのか。歴史的な観点から遺骨収集を

＊AFMES: Armed Forces Medical Examinar System　アメリカ軍の医療検査組織。DPAAのDNA鑑定部門

研究する帝京大学の浜井和史准教授に聞いた。

「戦後七十年以上を経て**百十三万柱もの戦没者の遺骨が今日なお未処理であるという事実**にしっかりと向き合う必要があります。遺骨収集推進法には**『国の責務』**という文言が明記されていますが、**これまではその場しのぎの対応**をしてきました。戦没者の遺骨収容が『国の責務』というのなら、**政府はこの問題に対するグランドデザインや長期的なビジョンをしっかりと示す必要があります**。今後、政府がこの問題に真剣に取り組むということであれば、**法律を作っただけでは充分ではありません。**現地との緊密な連携を含め政府と民間が一体となった体制づくりをしなければなりません。法律が施行されてから二年が経過していますが、果たしてそれができているでしょうか。従来の施策に対する検証や反省なしにただ漫然と進めても、正直あまり成果は期待できません。**政府当局者の意識改革が必要です。**

収容された遺骨を遺族へお渡しするプロセスも重要です。推進法には、鑑定体制の整備や研究の整備が明記されました。これには遺族も期待していて、政府もＤＮＡのデータベース化や検体の対象を拡大する動きはありますが、そのスピード感が遺族の求めるスピードとかなり落差があるというところが問題です。ＤＮＡの取扱いにはもちろん慎重ではあるべきですが、遺族の高齢化が進む中でいっそう積極的に進めていかないと、遺族にとっては物足りないのではないでしょうか。

アメリカや韓国などでは現役の軍隊が主体になって戦没者の遺骨処理作業に従事しているというのは日本とは大きく違う点です。将来的に戦争に従事するという可能性がある中で、戦死者を手厚く扱うというのは、軍隊の維持や愛国心に関わる問題なんだろうと思います。日本の場合、自衛隊の位置づけが曖昧にされてきたという歴史もありますし、そもそも自衛隊が海外で作業するのは難しいでしょう。**そうした制約の中で考えると、今日においてはやはり民間の力を大いに活用すること、民主導で国がしっかりとそれをサポートすることが良いのではないでしょうか。**

最近、各地で遺族会の青年部が復活する動きがみられます。その主体となっているのは、遺族の孫やひ孫の世代です。また、**実際に現地で遺骨を発掘する人員として、学生ボランティアなど戦争から遠く離れた世代の若者たちが、自分の意思で取り組みに関わろうとしています。**世代交代が進む中で、戦没者をめぐる問題の存在を改めて明らかにし、今までの問題点は何だったのか、これからの課題は何なのかについてしっかり考えることが非常に重要だと思います」

井本さんの決断

浜井先生が言及されていた、民が主導し国がサポートすること。国の「海外未送還遺骨情報収集事業」は、まさにその体制を実現する事業と思っていた。井本さんもずっと望んでいたことだった。

ところが、二〇一七年三月、井本さんは私に告げた。

「**国には見切りをつけました。国の事業から撤退します**」

大きな決断だった。その真意を確かめるべく四月、私たちは一泊三日の強行軍でタイ・チェンマイへ向かった。向かった日がたまたまタイの旧正月、水かけ祭り（ソンクラーン）の真っ最中。それなのに、安くて早いからと、トラックの荷台が座席になっている乗り合いタクシーに乗ったのがいけなかった。タイの人々はバケツに汲んだ水を、歩道からタクシーめがけて勢いよく浴びせる。祭りを楽しむ地元の人だろうが、精密な撮影機材を抱えた日本人だろうが関係ない。「**NOって言いよるやん！**」「**しゃれにならんって！**」。ちっぽけな抵抗は歓声にかき消された。びしょ濡れになって「ビルマのゼロファイターのお店」こと**ラーメン居酒屋「憩」**に到着した。ミャンマー少数民族の仲間たちが自立できる場所を残したいと、井本さんが二〇一六年に立ち上げた店だ。

井本さんが国の事業から撤退すると決めたのは、**調査資金が井本さんのところへごくわずかな額しか下りてこず、十の少数民族調査隊の活動がストップしてしまった**からだった。

「ＪＹＭＡも我々に金を渡すと、『また貸し』になります。ＪＹＭＡが陣頭指揮をとるのであれば、十の調査隊を全部委ねて調査を続行させることができます。それが一番いいんじゃないでしょうか」

（Q．井本さんは未送還事業から撤退するのですか？）「我々はそうですね。現地で活動費を作りながら細々とやって国へ情報を上げていきます。国の事業はややこしいんですよ。透明性は大事ですけど、ぴしっとした会計報告まで課せられると、本業も別にあるし、人員的にまわらないというのが本音です。会計の部分に透明性を求めるなら国がやればいいんですよ。私たちを金の部分で管理して。現場はやりますので。ちょっとした仕組みだと思う。**現場に誰か来ればよいことなのに誰も来ない。本気度が見えない。**僕はおかしい点は一つだと思います。**国の責務でやると言うなら国の責務でやりなさい。民間丸投げはよろしくないです。**我々の調査を待って出ていくわけでしょ。そんな悠長な話じゃなくて、お尻が決まっているんですから、最初の三年は情報収集に努めるというなら、じゃあやれよという話。**やる人材は揃っているのに、なぜ動かさないのか。**僕は国は嫌いとか信頼しないとかじゃなくて、それでは上手く回らないと思っています。国が本気で動くんであれば、いくらでも協力しますよ。事が事ですから。私、たくさん遺骨を見てきているわけじゃないですか。**森の中とかでほっぽらかしの遺骨にあってきて、そのままにはできない。もう一度ミャンマー全土を調査して、一柱でも帰国させる。それであの戦争は終わりだと思いますので、それをやらないと今の時代、今が大事ですけど申し訳立ちません。**元々坊主だったので、弔いがちゃんと済んでない、そういう中で自分が死んでいくのは嫌です。気づいていたけどしませんでした、となりますからね」

忘れがちなことだが、井本さんは遺骨調査を無給(ボランティア)で行っていて、本業ではない。本業以外にこれ以上手間のかかる、複雑な会計報告などをする人的・時間的余裕がないのは当然のことだ。何より、**民間に丸投げする国の本気度の無さに見切りをつけた**のだった。

十の調査隊を束ねるＵＮＦＣ遺骨調査担当のパトリックさんは、私たちにこう言った。

「ビルマにいる日本兵の魂は、まだどこにも行けません。日本政府や家族が引き取りに来てくださない。私は井本さんを信じています。彼は他のプロジェクトを探してくるから、私たちは遺骨調査を続けることができます。だから一緒に仕事をするのです」

民間の人たちはもとより、**外国人も日本人を祖国へ帰すため、その努力は惜しまない**と言うのに、なぜその声はかき消されてしまうのだろう。

果てなき家路

国の事業下に入ったものの、一年で撤退せざるを得なかった井本さんの取り組みとミャンマー・タッコンでの二度に渡る発掘、沖縄とアメリカを例にＤＮＡ鑑定の課題を提起する**テレビドキュメンタリー**「**果てなき家路**」を五月三十日に、井本さんの活動を主軸にした**ラジオドキュメンタ**

果てなき家路

～戦後72年・進まぬ遺骨収集～

リー「ミャンマーのゼロファイター3」を五月二十九日に放送した。

そのラストシーンには、五月二十九日、東京・千鳥ヶ淵戦没者墓苑で挙行された納骨式を編集した。毎年一回五月末、皇族や厚労大臣、遺族などが参列し、主に前年度に収容された遺骨が納骨されることになっている。井本さんがミャンマーから帰還させた八柱を含む二千四百柱が、「無縁」として葬られた。これで二度と家族の元へ帰ることはできない。

参列した遺族を見て思った。**遺骨が家族の元へ帰らない限り、彼らに戦後は訪れない。**

エピローグ

二〇一八年、春。井本さんが国の遺骨調査事業から撤退して、ちょうど一年が経った。

結果的にこの一年、井本さんは遺骨調査をほとんどできなかった。一方、本業はマレーシアなどにも新規拡大させ、軌道に乗せようと精力的に動いていた。井本さんは何屋なのか、わからなくなるほど多岐に渡った。その利益で遺骨調査をするためだった。

孤軍奮闘していた井本さんに、**度肝を抜かれる協力の申し出**が二つもあった。

一つは、何と、アメリカの戦没者遺骨収集事業の本丸と言うべき、国防総省直轄のＤＰＡＡからだった。

「ＤＰＡＡって、あのＤＰＡＡですか!? アメリカ軍の!?」

「はい！ＰＰＡＰじゃないです(笑)。『**共に協力して、遺骨を祖国の家族や愛する人たちの元に返そう**』と言ってきています」

ＤＰＡＡは第二次世界大戦でビルマで戦没したアメリカ兵を探すために、当地の情報を持つ井本さんに直接協力を求めてきた。もちろん、日本兵の調査にも協力するという。

私は米軍基地でＡＦＤＩＬ（ＤＰＡＡのＤＮＡ鑑定研究所）の取り組みに直接触れ、個人的に**ＤＰＡＡは世界最高の遺骨収集機関**だと思っている。残念なことだが、日本とは規模や姿勢も含めて、雲泥の差が存在する。

厚労省は二〇一七年度、ＤＰＡＡと共同で遺骨収集を進める計画を立てたが、その後、進捗が途絶えていた。問い合わせると、「アメリカのマンパワーや機材など、**日本とは規模の差があまりに大きく対等ではないため、互いにメリットがない。**話し合って良い方法を模索しているが、良い案が浮かばない」と担当者は言う。

何と痛快なことだろう。アメリカは日本政府を介さず、直接井本さんに協力を求めてきたのだ。何より日米共同で調査をするという意義の深さ。井本さんは常々話していた。

「時が過ぎれば敵も味方もない。それが、僕は日本的な愛だと思っています」

いよいよ実現に向けて動き出すのだ。

アメリカの迅速な動きにも、本気度が伝わってくる。ＤＰＡＡが井本さんに最初にコンタクトをとったのが二〇一八年二月。三月末にはチェンマイにて実務者間で会合し、ミャンマー政府の許可が下りれば、日米合同調査を開始することになっている。

「**資金は米軍からも出ます！日米でミャンマーの大掃除をしようと誓い合いました**」

そして、もう一つの大きな申し出。

福岡を中心とした民間企業が集まって社団法人をつくり、井本さんの遺骨調査へ資金提供をしようというものだ。

これは一般的な寄付や募金ではない。井本さんがミャンマーやタイ、マレーシアなどで持つ人脈を生かし、そこで福岡の企業とビジネスマッチングを行い、得られた利益の一部を遺骨調査へ充てる。**社団法人「日本ミャンマー未来会議」は六月設立**した。

先導するのは、福岡市のエムスタイルジャパン、稲富幹也社長(44)。美容と健康に良いとされる天然アナツバメの巣を使用した商品を製造・販売していて、飛ぶ鳥を落とす勢いで成長している会社だ。

「**寄付ではなく、ビジネスで儲けましょう**、と皆が盛り上がればいいなと。それを遺骨調査に回せば、もしかしたら上手くいくんじゃないかと思ったのがきっかけです。**志の元に自分の身を削るというより、お金を生む良いスパイラルができれば上手くいく**のかなと考えました。僕はつばめの巣を世界ブランド化しようと、マレーシアのジャングルで、ニッチなことなんですけど追い求めてきました。**つばめの巣って不思議で、東南アジアしかない**んです。マレーシアを中心にタイ、インドネシア、フィリピン、ベトナム、ミャンマー。**不思議と太平洋戦争で日本兵、大先輩が行って頑張ったところに巣がある。**僕は井本さんとの出会いは、つばめに連れて行ってもらった気がして無視できません。向き合わないといけないと」

商売人は金儲けだけではなく、何かのために生きているという自覚を持つことが重要で、それを井本さんが思い起こしてくれたと、稲富さんは熱っぽく語る。

井本さんは即行動の人だが、稲冨さんも超早い。二人は既に、マレーシアでアナツバメの巣のビジネスに向け動き出している。

他にも、蚊の成長を抑制する薬の製造ノウハウをミャンマーへ持ち込んで生産したり、バイオマスエネルギーとして注目を集めるＰＫＳ（パーム椰子殻）をマレーシアから輸入したり、実に様々な業種の社長や重役たちが集まっている。

「正直、遺骨収集のことは知りませんでした。でも、知ってしまうと他所は向けません。私たちみたいな人が、いっぱい出てくると思います。ましてや、**福岡の人間、福岡の先達たちが戦って埋まっているんです。**それを連れて帰らんと、男としてやらないかん」

何と心強いことか。遺骨調査は当初の四年ほど、全国の井本さんの僧侶仲間による寄付で賄われた。実に素晴らしいことではあるが、継続するには寄付という形は中々難しさもあったのではと思う。稲冨さんは、身を削るのではなく、お金を出す側にもメリットがある方法、つまりビジネスに上手く乗せるという方法で意志を引き継いだ。継続的な調査資金の調達こそが、現実的に最も重要なことだ。四万五千柱が残るミャンマーの遺骨収集は、まだまだ終わらないのだから。

七月には早速、**六つの企業から六百万の資金援助があり、井本さんの遺骨調査は三年ぶりに再開**、雨季明けの秋から本格的に動き出す。そのひとつが、インダンギーの発掘調査。群馬の奈良たけさんの夫、信一郎さんの埋葬地である。そこはミャンマー国軍基地であるため、井本さんは和平交渉の時に親しくなった、軍事政権時のアウン・ミン前和平担当大臣を介して国軍に交渉、またセイン・ウィン国防大臣とも面会し、基地での発掘調査の許可を得た。大臣は「**日本軍はミャンマー国軍の生みの親です。難しいことではありません。どうして協力できないことがあり得ますでしょうか**」と快諾したという。

たけさんがお元気なうちに遺骨を帰したい。そう願って三年、井本さんは私の願いを聞き入れてくださった。私は久しぶりに群馬の奈良さん宅を訪ね、報告した。百二歳となったたけさんは相変わらずお元気で、ご主人のことを思っておられた。

DPAAと日本ミャンマー未来会議。一人で奮闘してきた井本さんにとって最高の援軍となるに違いない。いや、尽力してきたからこそ引き寄せたのだし、必然だったのかもしれない。もう、ミャンマーの遺骨調査を担うのは井本さん一人ではない。井本さんにはこれからも健康第一で突き進んで欲しい。大事を成していって欲しい。その瞬間を私たちは記録して伝えていく。

そして、福岡の「菊」「龍」部隊が進軍したカチン州、北部シャン州の内戦が収まり、井本さんの手で遺骨調査が実現することを、奈良信一郎さん、三原豊さん、片山豊さん、そして百十三万の未帰還の遺骨が一柱でも多く家路に着くことを心から願っている。

最後に、番組制作に思う存分打ち込ませてもらった、九州朝日放送報道局、そしてディレクターとしての礎を築いてくれ、取材から戻るといつも和食のご馳走で迎えてくれる夫に心から感謝を申し上げる。ありがとうございました。

二〇一九年七月

荒木愛子

井本勝幸（いもと・かつゆき）

1964年、福岡市生まれ、太宰府育ち。福岡県筑紫丘高校、東京農業大学、立正大学卒業。日本ボランティアセンター（JVC）でソマリア、タイ・カンボジア国境の難民支援に関わる。28歳で出家。日蓮宗大本山・池上本門寺で随身修行。福岡県朝倉市「四恩山・報恩寺」副住職として、「四方僧伽」を組織し、アジアの仏教徒20カ国を網羅する助け合いネットワークを構築。2011年より単独で反政府ビルマ少数民族地域へ入り、統一民族連邦評議会（UNFC）コンサルトとして全土停戦に貢献する。一般社団法人日本ミャンマー未来会議代表。NPO法人グレーターメコンセンター副代表。日本経済大学特命教授。朝倉市親善大使。平成29年度外務大臣表彰受賞。

荒木愛子（あらき・あいこ）

1972年、長崎県生まれ。長崎北高校、下関市立大学卒業。KBC映像（福岡市）に入社し、歴史紀行、ドキュメンタリーなどの番組制作を経て、現在KBCテレビのニュース情報番組「シリタカ！」ディレクター。井本さんと日本兵遺骨収集を主題にした番組でギャラクシー賞テレビ部門奨励賞（2016年、2017年）、民間放送連盟賞ラジオ報道番組優秀賞（2016年）受賞。

帰ってきたビルマのゼロ・ファイター

ミャンマー全土停戦と日本兵遺骨収集の記録

令和元（2019）年7月31日　第1版発行
著　者　井本勝幸　荒木愛子
発行者　川端幸夫
発行所　集広舎
〒812-0035　福岡市博多区中呉服町5番23号
TEL：092-271-3767　FAX：092-272-2946
制作・装丁　独立社パブリック・リレーションズ
印刷・製本　モリモト印刷株式会社
ISBN978-4-904213-78-0